マイレージの
超達人シリーズ
20周年特別企画

マイレージ二刀流攻略法

ANAとJALを使い分けるマイル活用術とは?

櫻井雅英
Masahide Sakurai

JN121403

Start Now

はじめに

　マイレージが日本国内線に導入されたのが1997年です。それを契機に日本の航空会社のマイレージは多角的に提携サービスを拡大したことで、会員数を増やしてきました。2000年代に入り電子マネー特典などが人気となり、現在、公表されているANAとJALのマイレージ会員数を単純に合算すると、マイレージは日本では国民の二人に一人が参加する一大関心事になっています。

　2020年の年初から世界的に猛威を振るっている新型コロナウイルスの感染拡大の問題は依然として未解決のまま、2022年後半から2023年にかけて各国は新しい対応方針に舵を切ってきています。新型コロナウイルスでどの産業よりも打撃が大きかった航空業界も、まずは国内線から復調してきています。市場規模が桁違いに大きな米国は、すでにコロナ以前と同程度まで回復し、日本でも2022年年末から2023年春までにはコロナ以前の8割強にまで市場が戻ったとのマスコミ報道がありました。そうした事業環境の下、世界各国の航空会社は事業継続の根幹的な顧客対策であるマイレージプログラムの維持改良をはかり、来るべき航空旅行需要の拡大に備えてきています。しかし依然として日本人の海外旅行はコロナ以前の水準に戻る気配がありません。その理由として円安基調が続き、燃油サーチャージも高騰し、ウクライナ紛争が長期化するなど、日本人が海外旅行にでかける環境が様々な局面で悪化しているからではないでしょうか。マイレージ愛好家にとってそうした状況は、折角苦労して貯めたマイルを有効利用できないことにつながります。

　2023年4月から日本航空が国内線運賃を刷新するのに呼応して、JALマイレージバンクでは国内線の特典航空券の交換条件や関連の内容が大きく変わりました。この件が事前に発表されると、一部の業界人から過激な対応策が披瀝されるなど、見当違いのマイレージ活用法が喧伝されることになり、実利的なマイレージ活用法は置き去りにされ、興味本位な断片情報が拡大し、マイレージユーザーが翻弄される事態になっています。そうした情勢をみるにつけ、長年マイレージを使って夢のある旅を追求してきた私は、この閉塞感を打開できることはないかと考えました。そしてこの際、日本の2大マイレージの両者を比較した正しい分析と解説が必要だと思いました。折しも今年の12月で私がマイレージ解説本を出版して20周年の節目を迎えます。そこで日本のマイレージ利用者の究極の命題であるANAとJALの2大マイレージの同時活用法を「マイレージ二刀流攻略法」として編纂することにしました。ANAとJAL両社様には本書はマイレージ利用の活性化を目的にしたものであり、安直な興味本位の企画ではない点を理解していていただき、出版が実現しました。本書を手引きに、自分のライフステージとライフスタイルにあった独自の攻略法を実践し、夢のある旅行に出かけてください。

2023年8月

櫻井　雅英

＊本書は2023年7月末日現在公開されている一般情報に基づいています。

目　次

PART I　2大マイレージを再考する

PART II　違いを知る

マイルの貯め方

PART Ⅲ　使い分ける

マイルを貯める

マイルを使う

PART Ⅳ　ステイタス会員になる

PART I

2大マイレージを再考する

　日本の2大マイレージであるANAマイレージクラブ(AMC)と
JALマイレージバンク(JMB)は、国内線にサービスを導入して
以来、急速に拡大するとともに、両社のサービス内容の違いが、
年を追うごとに大きく変化しつつあります。少しずつ変わって
きたので気が付かないことも多いのですが、両社のマイレージの
仕組みも、20年以上経った今日ではその違いはかなり際立ってき
ています。本章ではその概要を再考してみます。

2大マイレージを再考する①
2大マイレージの歩み

マイレージの国内線での展開

　日本におけるマイレージは、1990年代に日本国内線で競争条件の自由化が促進されたことにともなって、3大航空会社(ANA、JAL、JAS)の国内線でも各社独自のマイレージサービスが開始したことにより普及しました。その後JAS(日本エアシステム)はJALと合併したことで、日本の国内線では現在の2大航空会社時代に突入すると同時に、両社の競争の象徴的な存在として、マイレージは一層進化し、利用者が拡大していきました。

提携サービスの拡大

　マイレージ利用者が急拡大した大きな原因のひとつに、提携サービスの急拡大があります。欧米の航空会社からスタートしたマイレージは、当初は旅行関連の企業(ホテル、レンタカー等)との提携サービスが主流でした。日本の国内線にマイレージサービスが導入された1997年は、Windows95の登場でインターネットが爆発的に普及し、また携帯電話が一般的になっていった時期に重なります。

　こうした情報通信の進化を応用することで、提携サービスを拡大するインフラが整い、世界に類をみない多様なマイレージ提携サービスが普及していきました。そして日本では、日常生活のあらゆる局面でマイルを貯めやすい環境が完備していきました。

アライアンスへの参加

　さらに航空機利用面では世界規模での航空会社連合でのマイレージ共通化の動きがあります。ANAは日本の航空会社ではいち早く1999年にスターアライアンスに参加しました。JALも2007年にワンワールドに参加となりました。日本の2大マイレージがアライアンスに加盟していることは、マイレージユーザーの利便性の向上に寄与することになりました。

まとめ

　日本では国内線と国際線の両方を運営する大規模航空会社が2社あり、双方がサービスの一環としてのマイレージを進化させています。その内容は世界的にも類をみないほど多様であり、私達日本人は世界中のどの国民よりも、マイレージの恩恵を受けているともいえます。

▲ANA機とJAL機（2009年10月福岡空港）
JALの尾翼と機体マークに注目。

▲ANA機とJAL機（2023年7月羽田空港）
羽田空港第3ターミナル展望台からの眺め。

2大マイレージを再考する②
競争と進化

提携サービスでの競争

　旅行関連企業やクレジットカードとの提携サービスが主流の欧米航空会社のマイレージに比べ、日本の2大マイレージ（AMCとJMB）の提携サービスは世界に類をみないほど多様で複雑です。こうした環境は日本でのインターネットの普及期にマイレージも発展したことに因ると思われます。特に2003年にANAが特典交換に電子マネー（Edy）を採用したことは当時として画期的な試みでした。その後国内の消費市場でのポイントサービスの普及と同時進行で、マイル獲得の手段が多角化することで、「陸マイラー」も出現することになります。今ではマイル獲得の手段は日常生活のあらゆる面で可能です。ANAが「マイル経済圏」構想を打ち立てるほどマイレージは生活の一スタイルとなっています。これに対抗するようにJALにおいても「JALPay」など新たなマイル活用の多角化を進めています。両社のマイレージの進化は様々な提携サービスの進化そのものといっても過言ではありません。

情報技術での進化

　航空業界は他の産業に先んじて情報通信の進化を体現している業界です。空席率を有効活用するイールドマネジメントなどマイレージのサービスにも直結しています。また、スマホの普及でこの傾向はますます鮮明になってきています。これからはこのトレンドが一層加速することになっていくと思われます。利用者とし

てはそうした情報環境の進化に後れを取らないよう、日頃からシステムやアプリのバージョンアップに敏感になっておくべきでしょう。日頃からのホームページへの定期的なアクセスは、「先んずれば人を制す」ではありませんが、マイレージの有利な活用に通じる定石といえます。

まとめ

　日本の２大マイレージは競争を通じて切磋琢磨して進化しています。特に提携サービスの多様性と充実度は世界的にも比類ないものがあります。そのサービスメニューを十分理解して使いこなすには、自分なりに研究し確立する自分流の攻略法が必要ではないでしょうか。

▲ AMC カード（Edy付）
Edy（現楽天Edy）付きの AMC カード（現在新規発行はありません）。

▲ JAL Pay（スマホ画面）
JAL Global WALLET のサブメニューの機能。

2大マイレージを再考する③
居住地での環境格差

居住地で生じる格差とは

　マイレージの利用において、会員の居住地によって格差が生じることは、各種雑誌のマイレージ特集記事や他のマイレージ攻略本では触れられることがほとんどありません。実際、会員の居住地によって、特典航空券の利用等で目的地までの交換条件に差ができています。居住地区によってANAまたはJALのどちらかしか就航していないことも、その利用条件の大きな差異となります。

　さらに国際線の提携航空会社やアライアンス特典航空券を利用する際は、居住者の最寄り空港から日本発の国際便出発空港までの区間分のマイルが余分に必要になるケースも発生します。その点では首都圏に住む会員は一番メリットが大きいといえます。

　こうした特典航空券以外では、海外在住会員は日本国内で受けられる各種の提携サービスの種類が限られ、またマイルを使った交換特典も国内在住会員よりも限定されるなどの条件差(格差)があります。

格差を是正している特典利用例

　前述のような格差を是正している交換特典として、ANAとJAL の特筆すべき事例を紹介しておきます。

 ANA

●国際線特典航空券

国内乗継区間が往路・復路で各2区間可能

　ANA国内線特典航空券では国内区間が2区間可能で、居住地区 の最寄り空港から東京（羽田・成田）や大阪（関西）などの国際線発 着空港まで直行便がない場合でも、乗継便を利用してほとんどの 地区からひとつの特典航空券で海外目的地への旅程を組むことが 可能です。それに対し、JAL国際線特典航空券では、日本国内は1 区間しか利用できないので、国際線発着空港まで直行便がない場 合は、国内線特典航空券を追加するか、個別自費で国際線発着空港 まで直行便のある空港まで移動する必要があります。

[詳細説明：ANA編（2022－23年版：P52〜P55)]

▲利尻空港（2006年11月撮影）
新千歳空港で乗り継いで羽田空港等の国際線出発空 港からひとつのANA国際線特典航空券で利用でき ます。

▲ANA国際線特典航空券QRコード
このQRコードで直接WEB画面にアクセスで きます。

JAL

●国内線特典航空券
乗継区間の設定

　2023年4月12日以降のJAL国内線特典航空券では乗継区間（2区間、3区間）の規定ができ、地方空港間の旅程もひとつの特典航空券で交換できる区間の設定が増えました。こうした乗継規定はANAの国内線特典航空券では沖縄離島（4区間往復）以外はありません。
[詳細説明：JAL編（2023－24年版：P48～P51）]

▲与論空港（2006年12月）
羽田空港から鹿児島又は沖縄乗継区間の規定があり片道9,000マイルから交換可能です。

▲JAL国内線特典航空券QRコード
このQRコードで直接WEB画面にアクセスできます。

まとめ

　会員の住んでいる場所によって、マイレージの利用に関して格差が生じることはいたしかたないことですが、両社の制度上の違いを知ってその条件差を使いこなすことは、マイルを上手に使うノウハウのひとつです。

ANAとJALの単独就航地比較一覧
(特典航空券で利用できないコードシェア路線含む)

地区	ANA	JAL	地区	ANA	JAL
北海道	稚内	奥尻	九州・沖縄	佐賀	奄美大島
	オホーツク紋別				久米島
	(中標津)*				種子島
東北	大館能代	三沢			南大東
	庄内	花巻			北大東
		山形			天草
関東	八丈島				徳之島
中部	富山				種良島
	能登				沖永良部
近畿		南紀・白浜			与論
		但馬			喜界島
中四国	鳥取	出雲			多良間
	米子	隠岐			与那国
	萩・岩見				
	岩国				

＊ 2023年冬ダイヤからJALも就航予定

2大マイレージを再考する④
ライフステージで変わる利用目的

ライフステージとマイレージ

　マイレージは今では多くの現代人にとって生活必需品になっています。つまり人生において欠かせないサービスのひとつで、その付き合いも長期にわたるようになりました。これから新たに入会しようとしている方にも、今では利用する機会が少なくなってしまっている方にとっても、自分のライフステージにおけるマイレージとのつきあい方は一義的ではありません。そのことを意識して利用するのと漫然と利用するのでは、マイレージの利用価値に大きな差が生じます。いざそのステージ（年齢や環境）になってみないと気がつかないことが多いのですが、事前に準備しておくことで不利益を防ぐことができます。マイルの有効期限、マイル利用者の構成、利用目的など、利用条件の制約をしっかり押さえ、自分のライフステージに適合した活用法を予測して付き合うことが望まれます。

マイレージ利用目的の変化

　家族構成や自分の生活スタイルの変化でマイレージの利用目的は変化します。特に会社勤めの方で、定年を経て自由になる時間が多くなると、特典航空券の利用に日程的な制約が減少することから、予約を取りやすくなります。その逆に家族旅行等に特典航空券を利用したい場合は、子供の成長期と重なるなど時期が比較的限定されます。さらに特典航空券を帰省、卒業旅行、記念日旅行、受験や就職

活動など特定の目的に使用したい場合も同様です。こうした点を考えると、マイレージの攻略法はライフステージによって変化するといえます。

まとめ

　長い人生でマイレージと上手に付き合うには、自分のライフステージの変化に応じて、その攻略法を適合させていく柔軟性が求められます。マイレージの利用条件の制約（マイルの有効期限、特典利用者、特典航空券の予約の取りやすさなど）と利用者各自の固有の条件（年齢、居住地、マイル獲得可能数量等）をマッチングさせる技がマイレージ活用の成否を握っています。

▲ANAスマートシニア空割
満65歳以上の方で生年月日確認登録済みのAMCカード会員またはANAカード会員が購入でき、マイル積算率は50%です。

▲ANAスマートシニア空割QRコード
このQRコードで直接WEB画面にアクセスできます。

▲JAL当日シニア割
満65歳以上のお客様情報登録済のJMB会員かJALカード会員が購入でき、マイル積算率は普通席50%、クラスJ60%、ファーストクラス100%です。

▲JAL当日シニア割QRコード
このQRコードで直接WEB画面にアクセスできます。

2大マイレージを再考する⑤
二刀流攻略のメリット＆デメリット

二刀流は現実的な攻略法か

　1社のマイレージだけでも希望の特典航空券などの交換特典に必要なマイル数を貯めることは、飛行機の利用が多い出張族の方はともかく、一般的な消費者にとっては他のポイントプログラムに比べるとかなり高いハードルだと思います。それを二つも同時に使いこなすには、それなりの前提条件があります。まずは自分の希望（目標とする交換特典）をはっきり認識することが一番ですが、その目標を達成するには自分のライフスタイルがどちらのマイレージの仕組みに向いているかを調べ実践するのが早道です。その結果次第で期間を分けた二刀流攻略法を狙うのか、目的別に同時に二つのマイレージを使うか等、自分流の攻略法が見えてくるはずです。そういう具体的な目的（目標）が明確になれば、二刀流も現実的だと思います。逆に各マイレージの特長を理解しないまま、とにかく両方のマイルが貯まるから二刀流で行くというのは、マイレージの効果的な活用方法ではありません。マイレージの世界でも「二兎を追う者は一兎をも得ず」は現実です。

デメリット

　航空機を日常的に多用する方以外には、一般論として二刀流マイレージ攻略はデメリットのほうが多いと思います。経営戦略の常道としては、「選択と集中」理論のほうが成果を得やすい攻略法であることはマイレージにもあてはまります。特にANAまたは

JALしか飛んでいない地域へも仕事で行くことが多く、両方のマイルが自然に貯まってしまう多頻度航空機利用者を除き、一般的には有利な交換に必要な最低マイル数のハードルが高いので、どちらかに絞った利用法のほうが成功（有効活用）確率は高くなるからです。また提携クレジットカード等のマイル獲得費用も両方となると二重となり、複雑な規則も片方だけに集中したほうが理解は早いです。

▲ANAホームページトップ画面
まずはホームページでANAとAMC（ANAマイレージクラブ）の内容を詳しく調べることから始めましょう。

▲JALホームページトップ画面
まずはホームページでJALとJMB（JALマイレージバンク）の内容を詳しく調べることから始めましょう。

▲ANAホームページトップ画面QRコード
このQRコードで直接WEB画面にアクセスできます。

▲JALホームページトップ画面QRコード
このQRコードで直接WEB画面にアクセスできます。

メリット

　二刀流のメリットは両社の多様な交換特典を、その付帯条件を吟味することによって有利なほうを選択できる点です。ただし、交換に必要なマイル数を有効期限内に貯められることが前提となります。特に数十万マイルが必要なビジネスクラスやファーストクラスでの国際線特典航空券（いわゆる大物狙い）では、二刀流は期間を区切ってどちらかに絞るなど、変則的な攻略法をとる必要があります。二刀流攻略法の問題点は途中で交換条件の変更があった場合や予約獲得がなんらかの事情で極端に難しい状況になったりすると、途中で腰砕けになりがちなことです。両社のマイレージの規約に精通するための日頃の研究心がなければ完遂することはできません。

まとめ

　二刀流マイレージ攻略法の極意は、両方のマイレージの規約に精通することです。特に交換特典の細かな例外規定も漏らさず理解する不断の努力が求められます。マイルが貯まりやすい環境にあっても、交換特典の特性に理解がないと効果的な使い分けはできません。逆にマイルを貯めることが難しいライフスタイルやライフイフステージにあっても、自分ができる方法を丹念に調べてコツコツと継続することで、二刀流の真価を生かすことも可能になります。

　交換特典の特性（予約の取りやすさなど）と利用者各自の固有の条件（年齢、居住地、マイル獲得可能数量等）をマッチングさせる技が、マイレージ活用の成否を握っています。

PART Ⅱ

違いを知る

　日本国内線にANAとJALがマイレージサービスを開始したのが1997年。これを機会に日本では一気にマイレージが普及しました。当初は両社ともその概要は似ていましたが、運用が20年以上も経た今日、その内容は大きく変ってきています。特に最近では交換特典の内容（特に特典航空券）に大きな違いがでてきています。二刀流の活用法に注目が集まるのも、まさにその点にあります。まずは両社のマイレージの内容を総点検しその違いを知り、二刀流マイレージ攻略法の第一歩を踏み出しましょう。

違いを知る（マイルの貯め方①）
マイルを貯める方法

　ANAマイレージクラブ（AMC）とJALマイレージバンク（JMB）は、飛行機に乗る以外に、マイルを貯めるための様々な提携サービスがあります。ただし、細かな点ではそれぞれ大きな違いがあります。

 ANA

①航空機利用

　自社グループ便以外にスターアライアンス加盟航空会社やマイレージ提携航空会社便の有償搭乗（一部予約クラス等を除く）でマイルが貯められます。

②提携クレジットカード利用

　ANAカードプレミアムはANAグループ便利用の際、上級会員でなくても日本各地の国内線ターミナル内のANAラウンジが利用できる特典があります。ANAカード会員は自社グループ便のマイル積算対象の搭乗時にボーナスマイルがカードの種別により10〜50％追加で獲得できます。特にANAカードプレミアムでの50％増量と同じ増量マイルはJALカードにはありません。また入会時と翌年以降の毎年のカード継続時にボーナスマイルが獲得できます。

③提携電子マネーの利用

　AMCの有料オプションプログラム「AMCモバイルプラス」では楽天ANAマイレージクラブカード等のマイルが貯まるクレジットカードチャージを併用すると、楽天Edyの支払い200円につき最

大4マイル獲得できます。なお、ボーナスマイル1%は月間最大2,000マイル（20万円分）の利用までです。

④ポイント交換

共通ポイントのTポイントをなど幅広い分野の提携ポイントをANAマイルに交換することでマイルが貯められます。

⑤各種提携サービス

非常に多岐にわたる提携サービスは、ホームページを丹念に調べないとみつけられないほど複雑です。また条件の変更やサービス自体の改廃も多いので、定期的に関連のWEBサイトを閲覧することで自分のライフスタイルにあったマイル獲得法を発見することが重要です。

［詳細説明：ANA編（2022－23年版：P81～P192）］

ANA国内線フライトマイル運賃別積算率一覧

運賃種別	積算率	該当運賃例	プレミアム搭乗ポイント
運賃1	150%	プレミアム運賃、プレミアム小児運賃、プレミアム障がい者割引運賃、ANA VALUE PREMIUM(Child)/ANA SUPER VALUE PREMIUM(Child)、プレミアム@Biz、プレミアムビジネスきっぷ	400
運賃2	125%	ANA VALUE PREMIUM 3、ANA SUPER VALUE PREMIUM 28、プレミアム株主優待割引運賃、プレミアム小児株主優待割引運賃	400
運賃3	100%	ANA FLEX、ビジネスきっぷ、小児運賃、障がい者割引運賃、介護割引、ANA VALUE(Child)/ANA SUPER VALUE(Child)、ANA SUPER VALUE EARLY(Child)、@Biz	400
運賃4	100%	各種アイきっぷ、プレミアム包括旅行割引運賃、海外乗継割引スペシャル	400
運賃5	75%	ANA VALUE 1、ANA VALUE 3、株主優待割引運賃、小児株主優待割引運賃	400
運賃6	100%	ANA VALUE TRANSIT、ANA VALUE TRANSIT 1*、ANA VALUE TRANSIT 3*、ANA VALUE TRANSIT 7、ANA VALUE TRANSIT 28、ANA SUPER VALUE TRANSIT 21*、ANA SUPER VALUE TRANSIT 28*、ANA SUPER VALUE TRANSIT 45*、ANA SUPER VALUE TRANSIT 55*、ANA SUPER VALUE TRANSIT 75*　* 2023年3月26日搭乗分以降	200
運賃7	75%	ANA SUPER VALUE 21、ANA SUPER VALUE 28、ANA SUPER VALUE 45、ANA SUPER VALUE 55、ANA SUPER VALUE 75、いっしょにマイル割(同行者)	0
運賃8	50%	個人包括旅行割引運賃、スマートU25、スマートシニア空割、ANA SUPER VALUE SALE	0
運賃9	150%	国際航空券(国内区間 プレミアムクラス)ブッキングクラス F／A	0
運賃10	100%	国際航空券(国内区間 普通席)ブッキングクラス Y／B／M	0
運賃11	70%	国際航空券(国内区間 普通席)ブッキングクラス U／H／Q	0
運賃12	50%	国際航空券(国内区間 普通席)ブッキングクラス V／W／S	0
運賃13	30%	国際航空券(国内区間 普通席)ブッキングクラス L／K	0

ANA国際線予約クラス別マイル積算率一覧

搭乗クラス	予約クラス	積算マイル率
ファーストクラス	F、A	150%
ビジネスクラス	J	150%
	C、D、Z	125%
	P	70%
プレミアムエコノミー	G、E	100%
	N	70%
エコノミークラス	Y、B、M	100%
	U、H、Q	70%
	V、W、S、T	50%
	L、K	30%

▲ANAマイレージクラブトップ画面
AMCのことを調べるにはホームページ閲覧から始めます。

▲JALマイレージバンクトップ画面
JMBのことを調べるにはホームページ閲覧から始めます。

▲ANAマイレージクラブトップ画面QRコード
このQRコードで直接WEB画面にアクセスできます。ます。

▲JALマイレージバンクトップ画面QRコード
このQRコードで直接WEB画面にアクセスできます。

JAL

①航空機利用

　自社グループ便以外にもワンワールド加盟航空会社やマイレージ提携航空会社便の有償搭乗（一部予約クラス等を除く）でマイルが貯められます。

②提携クレジットカード利用

　JALカードには他の航空会社の提携カードにはない特長があります。その中のひとつはマイル加算が2倍になるJALカード特約店です。次にツアー商品や割引運賃での搭乗でもツアープレミアムボーナスマイルが加算され区間マイル100%のマイルが貯まるオプションプログラムとして「JALカードツアーマイルプレミアム（年会費2,200円（税込））」もJALカードだけの制度です。またJALカード（CLUB-A、CLUB-Aゴールド、プラチナ）本会員は年会費やショッピングマイルプレミアム年会費をマイルで支払うことができます。これはANA カードにはない制度です。JALカード会員は自社グループ便のマイル積算対象の搭乗時にボーナスマイルがカードの種別により10〜25%追加で獲得できます。さらに入会時と翌年以降の毎年の初回搭乗時にボーナスマイルが獲得できます。

③提携電子マネーの利用

　電子マネーのJMB WAONでJALカードでのクレジットカードチャージを利用して、WAON特約店や会員登録してイオングループ店舗で支払うと200円につき最大3マイル獲得できます。

④ポイント交換

　共通ポイントのPontaをなど幅広い分野の提携ポイントをJALマイルに交換することでマイルが貯められます。

⑤各種提携サービス

　多様な提携サービスは丹念にネットサーフィンしないとみつけられないほど複雑です。条件の変更やサービス自体の改廃も多いので、定期的に関連のWEBサイトを閲覧することで自分流のマイル獲得法が発見できるはずです。

[詳細説明：JAL編（2023－24年版：P123〜P218）]

JAL国内線フライトマイル運賃別積算率一覧

運賃種別	積算率	該当運賃例
運賃1	100%	フレックス、JALカード割引、ビジネスフレックス、離島割引、特定路線離島割引
運賃4	75%	株主割引
運賃5	75%	セイバー、往復セイバー
運賃7	75%	スペシャルセイバー
運賃8	50%	パッケージツアーに適用される個人包括旅行運賃など
運賃9	50%	プロモーション、当日シニア割引、スカイメイト

JAL国際線予約クラス別マイル積算率一覧

搭乗クラス	予約クラス	積算マイル率
ファーストクラス	F,A	150%
ビジネスクラス運賃1	J・C・D・I	125%
ビジネスクラス運賃2	X	70%
プレミアムエコノミークラス・エコノミークラス運賃1	W・R・Y・B	100%
プレミアムエコノミークラス・エコノミークラス運賃2	E・H・K・M	70%
エコノミークラス運賃3	L・V・S	50%
エコノミークラス運賃4	O・Z・G・Q・N	30%

まとめ

●ANAカードとJALカードの利点

　両社とも提携クレジットカード（ANAカード、JALカード）には
ボーナスフライトマイル以外に様々な特徴ある独自特典があります。

●提携電子マネーのクレジットカードチャージと独自施策

　提携電子マネー「JMB WAON」や「楽天Edy」でのクレジット
チャージや「AMCモバイルプラス」を使うと好条件でマイルを貯
めることができます。

●定期的な関連のWEBサイト閲覧が必須

　マイレージの提携サービスは両者とも複雑で改廃も多いので、
関連のWEBサイトを定期的に閲覧してマイレージ関連情報を先
取りすることが有用です。

違いを知る（マイルの貯め方②）
マイルの有効期限

　ANAマイレージクラブ（AMC）とJALマイレージバンク（JMB）
で貯めるマイルには有効期限があります。どちらも基本的にマイ
ルが加算された36か月後の月末が期限ですが、JMBでは特定の
カード会員なら最長60か月にすることが可能です。また学生向け
JALカード会員は在学中マイルが無期限になります。なおAMC
とJMBの最上級のステイタス会員やミリオンマイラー会員（AMC）
はマイルが失効しない特典があります。JMBではJGC会員限定で
JGC Five Starになるとマイルが失効しなくなります。

マイルの有効期限

　マイレージを30年間利用してみて、マイルを長く貯めておける
ことはマイルの使い方では必ずしも有利な条件とは一概にいえな
いと感じます。その大きな理由のひとつに、特典交換に必要なマ
イル数が年々上昇傾向にあることです。またマイルを使った特典
航空券を利用できる提携航空会社の改変や提携航空会社の特典航
空券で利用できる搭乗クラスに制限が加わることも増えてきました。
筆者の体験から、実際的なマイルの有効期限は約2年間が最も現実
的な目安ではないかと思います。有効期限の3年間の期限ギリギリ
では、特典航空券を希望目的地の一番望ましい季節に合わせた申
し込み予約が難しいからです。その点最大1年間の幅で日程を選択
できる2年間が最適で、予約開始日に予約を取りやすく、予約後の
変更も柔軟に対応できます。

ANA

①有効期限の異なる4つのマイル区分

　2022年4月からAMCには4つのマイル区分ができ、今までの通常マイル（グループ1）に加え、グループ2（期間限定）、グループ3（期間＆用途限定）、グループ4（航空関連・期間限定）が新設されています。期間限定となるグループ2から4の有効期限は通常マイルよりも短くなる点に注意が必要です。

②通常マイルの有効期限は基本的36か月

　AMCにはマイルの基本的な有効期限（36か月）以上にマイルを貯められるJMBの特定カード会員のような特別会員制度はありません。学生カードもマイルの有効期限は36か月です。

③マイルの有効期限が撤廃になる上級会員

　AMCのステイタス会員制度（プレミアムメンバーサービス）ではダイヤモンド会員は期間中マイルの有効期限が撤廃となり失効しません。またAMCのミリオンマイラー制度であるライフタイムマイルでミリオンマイラー以上になると、生涯でマイルが失効しなくなります。

［詳細説明：ANA編（2022－23年版：P15〜P17、他）］

▲ANAプレミアムメンバーダイヤモンド会員カード
ダイヤモンド会員期間中はマイルが失効しません。

▲ANAミリオンマイラーラウンジカード
ANAのミリオンマイラーは生涯マイルが失効しません。

⚠ JAL

①年齢限定の特定カード会員ならマイル有効期限が最長5年間(60か月)

(1) JMB G.G WAON：日本在住で満55歳以上の方ならだれでも入会できるWAON付の会員カード。マイル有効期限がカード入会後60か月後の月末までになります。

(2) JAL CLUB EST：原則として20歳以上30歳未満で、日本に生活基盤があり日本国内での支払いが可能な方が対象のクレジットカード。30歳になる誕生月の4か月前の月末まで申し込み可能。マイル有効期限がカード入会時点から60か月後の月末までになります。会員期限は本会員が30歳をむかえた後の最初のカード有効期限月の末日まで。

(注意点) 上記カードでは入会以前に貯めたマイルの有効期限はそれまでの36か月であり、60か月に変わることはありません。

②学生カード会員は在学期間中マイルの有効期限が無期限

JALカードNavi：JMB会員の高校生を除く18歳以上30歳未満の学生(大学院、大学、短大、専門学校、高専4・5年生)の方で、日本に生活基盤があり、日本国内での支払いが可能な方向け提携クレジットカードです。在学中はマイルの有効期限は無期限です。

③マイルの有効期限が撤廃になる上級会員

　JMBのステイタス会員制度(FLY ON ポイント)では最上級のステイタス会員であるダイヤモンド会員やJGCプレミアム会員はその期間中はマイルの有効期限が撤廃となり失効しません。またJMBのミリオンマイラー制度であるJGC Life Milage会員でJGC

Five Star になると、マイルが生涯失効しなくなります。

[詳細説明：JAL編（2023－24年版：P32～P33、他）]

▲ JMB WAON G.G カード
満55歳以上が無料で入会でき、入会後貯まった
マイルの有効期限が60か月となります。

▲ JAL カード JAL CLUB EST
20歳代の方が入会でき、入会後貯まったマイルの
有効期限が60か月となります。

まとめ

● JMB の特定年齢層向けのマイル有効期限を長くできる会員カード

　ビジネスクラスの世界一周特典航空券を獲得する、ファースト
クラスで欧米旅行をする等の大量のマイルが必要な「大物」交換特
典を狙うために、一般的な会員が規定の3年間（36か月）のマイル有
効期限内でマイルを貯め交換することはかなりの難関です。その点、
JMBなら使える年齢層が限定されますが、「JMB G.G WAON」や
「JAL CLUB EST」なら60か月マイルを貯められることで、手が届
きにくい特典利用も現実味を帯びます。

● 在学中マイルが失効しない JMB の学生向け提携カード

　卒業記念に海外旅行をしたい学生の方は JMB の「JAL カード
Navi」を使うと在学期間中マイルが失効せず、3年以上マイルを貯
められ、世界一周特典航空券など大物特典も狙いやすくなります。

違いを知る（マイルの貯め方③）
会員カード

　AMCやJMBを利用するにあたり、まず会員になる必要があります。無料で申し込める普通会員カードはだれでも申し込める新規入会者向けのエントリーカードです。有利な条件でマイルを貯めるには年会費が必要となる提携カードを使うほうが結果的に有利です。提携カードには2種類あり、航空会社名を冠した提携クレジットカードとマイレージプログラムと他の企業との提携カード（一部クレジットカード機能付き）があります。特に提携カードは種類が多いので、個々の特徴が本項で詳述できません。ANA編とJAL編の詳細説明か両社のホームページで確認してください。また本項では法人会員向けと海外向けカードの解説は省略します。

会員カードの3つの大区分
①一般会員カード（誰もが入手でき、一部は電子マネー機能付き）
　　代表例：ANAでのAMCカード、JALでのJMB WAONカード
②提携クレジットカード（フライトボーナスマイルなどの特典付）
　　代表例：ANAでのANAカード、JALでのJALカード
③企業とのマイレージ提携会員カード（カード独自の提携サービス機能付一部はクレジット機能付）
　　代表例．ANA（楽大ANAマイレージクラブカード等）、JAL（JMB nimoca等）

ANA

①一般会員カード（入会金・年会費無料）

ANAマイレージクラブカード：誰でも無料で入会可能なエントリーカード。紙製とデジタルカード（携帯アプリ）がありますが、デジタルカードを先に申し込むと紙製カードを後から入手できない点に注意してください。

②提携クレジットカード（ANAカード）（入会金・年会費必要）

ANAカード：一般、ワイド、ワイドゴールド、プレミアムの4タイプ。ブランド（JCB、VISA、マスター、ダイナースクラブ、アメリカン・エキスプレス）と提携カード（交通系IC一体型等）との組み合わせで多数の種類があり、それぞれ付帯条件が異なります。一部家族カードがないものがあります。

ANAカード（学生向け）：高校生を除く18歳以上の学生（高校生除く）向けANAカード。在学中会費無料。

③企業とのマイレージ提携会員カード(AMC提携カード)

楽天ANAマイレージクラブカード他：鉄道会社や金融機関などとのマイレージ提携会員カードです。クレジットカード機能、電子マネー機能、交通IC機能など、カード毎に特徴ある提携サービスが付加されています。ANAカードではないので、ANAカード固有の特典は対象外です。カードによって入会金や年会費が異なりますが、無料か利用実績で無料になるものが多くあります。

[詳細説明：ANA編（2022－23年版：P82～ P105)]

▲ANAカードトップ画面QRコード
このQRコードで直接WEB画面にアクセスできます。

▲ANAカードトップ画面
ANAカードの全種類はこのWEBで調べることができます。

JAL

①一般会員カード（入会金・年会費無料）

JMBカード：誰でも無料で入会可能なエントリーカード。

JALマイレージバンク 飛行機カード：12歳以下向けのJMBカード。JMBキッズクラブに入会可能。3種類の絵柄。

JMB / WAON：電子マネーWAON付きの一般向け会員カード。

JMB G.G WAON：満55歳以上が入会可。マイル有効期限約60か月。

JAL Global WALLET：日本在住の満15歳以上が無料入会できる多機能カード。

②提携クレジットカード（JALカード）（入会金・年会費必要）

JALカード：一般、CLUB-A,CLUB-Aゴールド、プラチナの4タイプ。ブランド（JCB、VISA、マスター、ダイナースクラブ、アメリカン・エキスプレス）と提携カード（Suica等）との組み合わせで多数の種類があり、付帯条件が異なります。一部家族カードがないものがあります。

JALカード CLUB EST：20歳代限定の有料会員制度。マイル有効期限60か月後の末日。通常のJALカード特典に加えCLUB EST独自特典が付与されます。

JALカードNavi：高校生を除く18歳以上30歳未満の学生（大学院、大学、短大、専門学校、高専4・5年生向け（日本に生活基盤があり、日本国内での支払いが可能な方）のJALカード。在学中の年会費無料でマイルの有効期限は無期限です。

③企業とのマイレージ提携会員カード（JMB提携カード）

JMB nimoca 他：鉄道会社や旅行会社、流通大手などとの提携会員カードです。クレジットカード機能、電子マネー機能、交通IC機能などカード毎に特徴ある提携サービスが付加されています。クレジット機能付きのものでもJALカードではないので、JALカード固有の特典は対象外です。カードによって入会金や年会費が異なりますが、費用が無料か利用実績で無料になるものが多くあります。
［詳細説明：JAL編（2023－24年版：P124～P137）］

▲JALカードトップ画面
JALカードの全種類はこのWEBで調べることができます。

▲JALカードトップ画面QRコード
このQRコードで直接WEB画面にアクセスできます。

まとめ

●だれでも持てて費用がかからない一般会員カード

　エントリーカードである一般会員カードは入会金や年会費などの費用がかかりません。有償での搭乗時には子供も大人と同じマイルが貯まるので、家族全員の会員カードを作るのがお得です。

●フライトボーナスマイル等優遇される提携クレジット会員カード

　ANAカードとJALカードではそれぞれの航空会社利用時にフライトボーナスマイルや空港売店での優待割引など、カードのグレードに応じて様々な優遇策が付与されています。

●特定の会員カードの特徴を生かしたマイル攻略法

　AMC会員カードでは「楽天ANAマイレージカード」なら「AMCモバイルプラス」との併用で、低廉な費用で楽天Edyでのマイル増量が図れます。さらに「ANA To Me CARD PASMO JCB(ソラチカカード)」のポイント相互交換機能を使いマイルをメトロポイントに替え、それをまたマイルへ再交換すると、少ない減少率でマイルを延命(延長)できます。JMBの会員カードには特定の年齢でマイルを60か月にできるカード「JMB G.G WAONカード」「JAL CLUB EST」や、在学中マイルが無期限となる「JALカードNavi」など、特徴ある会員カードがあります。

違いを知る（マイルの貯め方④）
WEBとアプリ

　今日航空機利用にインターネットは不可欠な存在です。特にマイレージは、そのほとんどのやり取りがネット上で完結するようになっています。それに加え、携帯電話がスマートフォンへ進化し、スマホアプリを使うサービスが増えてきています。JMBとAMCもホームページに加え独自のアプリをリリースしており、この二つのITツールを上手に使いこなすことがマイル獲得の前提条件となります。

ANA

①WEBの機能（PCとスマホ利用の違い）

　AMC関連の情報処理のほぼすべてがWEB（ホームページ）で完結することは、スマホ時代になっても変わりません。画面のサイズにより複数画面の並行利用などができるPC利用が依然として情報力では勝りますが、現状ではAMCのほとんどの機能がスマホで可能です。ただANAカードファミリーマイルの特典交換など一部PCサイトのみのサービスもあり、また細かいスタッフのアシストがないと完遂できないサービスの場合は、やはり電話窓口に頼ることになります。

②アプリの種類と機能

(1) ANAアプリ：航空券やツアーの予約、運航状況確認、オンラインチェックイン等、搭乗まで手続きに使うアプリ。一部メニュー

はANA WEBへシームレスで連動する仕組み。

(2)ANAマイレージクラブ アプリ：ANAマイレージクラブのデジタルカードとしての機能。アプリ内では、マイルの残高や有効期限を確認でき、マイルが貯まる・使えるサービス情報が中心。「ANA Pay」もこのアプリを使います。特典交換などはメニュー選択でANA WEBへ遷移して利用します。

(注意) 二つのアプリですべてのマイレージ関連の情報処理が完結する訳ではなく、特典航空券の予約や検索などはWEB(ホームページ)で行うことになります。

③キャリアの選択

　スマホの利用では、AMCモバイルプラスを利用する際はキャリア(電話会社)がNTTドコモ、softbank、KDDIに限定されます。おサイフケータイ機能付きのAndroid端末の利用は「ケータイ de Edyマイル」を、iPhoneなどおサイフケータイ機能が搭載されていないスマートフォン利用ではANAマイレージクラブ Edyカード、またはEdy機能付きANAカードでEdy決済を利用します。NTTドコモの新料金プラン「ahamo」は利用できません。

[詳細説明：ANA編(2022−23年版：P194〜P195)]

▲ANAマイレージクラブアプリのアイコン
AMC(ANAマイレージクラブ)が主機能のアプリ。

▲ANAアプリのアイコン
通常の予約(国内線・国際線)や機内誌[翼の王国]等のアプリ。

JAL

① WEBの機能（PCとスマホ利用の違い）

JMBのサービス全般の情報処理のほぼすべてがWEB（ホームページ）で完結することは、スマホ時代になっても変わりません。画面サイズにより複数画面の並行利用などができるPC利用が依然として情報力では勝ります。但し現状ではJMBの殆どの機能がスマホで完結できるようになってきています。ただしスタッフのアシストがないと完遂できない難易度の高いサービスの場合は、やはり電話窓口に頼ることになります。

② アプリの種類と機能

JAL関連のアプリは多様なラインアップですが、マイレージに特化したアプリはありません。

(1) JAL モバイルアプリ：一航空券やツアーの予約・購入、予約便や発着状況の確認に利用。機内wifiの利用。

(2) JAL FLIGHT FUN !：国内線機内wifi等のフライトを便利にするアプリ。

(3) Wallet（Passbook）（iPhone向け）：搭乗券をまとめて管理し、空港で読み取り機にかざして飛行機に搭乗できるアプリ。

(4) Google ウォレット（Android向け）：搭乗券をまとめて管理し、空港で読み取り機にかざして飛行機に搭乗できるアプリ。

(5) タッチ＆ゴーサービス（おサイフケータイ向け）：事前におサイフケータイへお客様情報を登録し、空港の読み取り機にスマホをかざして「タッチ＆ゴー」でスムーズに搭乗するアプリ。

(6) JAL カード：位置情報を活用しJALカード特約店を検索。JALカード会員がアプリ限定の時間限定・枚数限定のクーポンを利用

するアプリ。

(7)モバイルJMB WAON(Android向け):おサイフケータイ®で
WAONを利用するケータイアプリ。

(8)JAL SKill for Smart Speaker:スマートスピーカー用のアプリ。

(9)my daiz™(マイデイズ):音声対話による国内線航空券の空席
照会や運賃検索などができるアプリ。

(10)HAWAIICO:ハワイの最新情報・お得情報や、便利なツール等
ハワイ旅行のお供に使えるアプリ。

(11)JAL Wellness & Travel :JAL Wellness & Travelに入会し、
楽しく健康的にマイルをためることができるアプリ。

(12)JAL Global WALLET:マイルを相互利用するJAL Global
WALLET向けのアプリ。スマホ決済やJAL Pay利用に使います。

③キャリアの選択

　アプリの種別で携帯電話の機種別(iPhone向け、Android向け、
おサイフケータイ®向け)の区別があります。キャリアの制約が
あるアプリはありません。

[詳細説明:JAL編(2023 – 24年版:P230〜P231)]

▲JALモバイルアプリのアイコン
航空券(特典航空券含む)やツアーの予約
(国内線・国際線)等のアプリ。

▲JAL Global WALLETアプリのアイコン
JAL Global WALLETのアプリ。「JALPay」
もこれで利用。

まとめ

●WEB利用では依然便利なPC画面

　スマホアプリを利用して様々なマイレージのサービス機能を利用できるようになってきていますが、サービスメニューによってはPC利用に限定されるサービスも一部残っています。またアプリからWEBに遷移する機能では、WEBがPCベースで開発されているものを使うので、画面サイズや複数画面の同時利用などの操作性の面では依然としてPC利用に軍配があがります。

●スマホ利用ではキャリアとプランに注意

　アプリによって使える機種が異なるものがあります。特にANAの「AMCモバイルプラス」はキャリアが大手3社限定で、NTTドコモの新料金プラン「ahamo」は利用できません。

●アプリとWEBの使い分け

　ANAとJALのマイレージのネット利用環境は両社の思想の違いがでていて興味深いものがあります。ANAはスマホ利用ではアプリ利用を前提（優先）とした運用になっており、開発思想の違いが鮮明です。JMBはスマホでも従来のWEB機能を重視しており、特にマイレージ専用のアプリはありません。

違いを知る（マイルの貯め方⑤）
マイレージ提携航空会社とアライアンス

　航空機利用時に、目的地までの路線にマイルを貯めている航空会社便がない場合は、基本的にはそのマイレージではマイルは貯められません。そうした不便を解消してくれるのがマイレージ提携航空会社とアライアンアス（航空連合）の存在です。ANAとJALにはそれぞれにマイレージ提携の航空会社があり、ANAはスターアライアンス、JALはワンワールドという世界的な航空連合（アライアンス）に加盟しています。それによって世界各地を旅行するたびにマイルが貯まり、またマイルを使って世界各地に行くことができます。

　ただし、提携航空会社便では対象路線が限定されたり、コードシェア便ではマイル獲得や特典航空券での利用ができなくなったりするなど、詳細規定に注意が必要です。

ANA

①アライアンスでは一番加盟社の多いスターアライアンス
　世界3大アライアンスの中でANAの加盟するスターアライアンスは加盟航空会社数が26社と一番多く、世界の全域をカバーしている点が魅力です。

②国内のコードシェア便
　ANAは日本国内でもANAグループ以外の航空会社とコードシェア便を運航しています。これらはANA便名での有償搭乗ではマ

イル積算の対象です。ただし、日本エアコミューター、および天草エアラインが運航する日本国内線コードシェア便は、特典航空券では利用不可です。

③提携航空会社の例外規定

　スターアライアンス以外のマイレージ提携航空航空会社でのAMCでのマイル獲得には細かな付帯条件が多い点に注意しましょう。ベトナム航空とガルーダ・インドネシア航空、ジェット・エアウエイズでのマイル積算はANAとコードシェアしている区間のみが対象です。提携航空会社特典航空券では複数の航空会社が混在した旅程でも利用できますが、スターアライアンス以外のAMCとのマイレージ提携会社は単一の提携航空会社運航便だけの旅程のみでの利用となります。

[詳細説明：ANA編（2022－23年版：P130～P135)]

▲スターアライアンス・ホームページ
ANAが提携するスターアライアンスの概要がわかります。

▲スターアライアンス・ホームページQRコード
このQRコードで直接WEB画面にアクセスできます。

JAL

①ワンワールドの空白地

　世界中に路線網があるアライアンスでも、加盟航空会社の本拠地の違いで、カバーできるエリアの差異が生じます。JALが加盟するワンワールドには中南米地区を本拠地とする航空会社がLATAM航空の脱退でなくなり、この域内の路線網が手薄です。ただしJMBでは単独でLATAM航空とマイレージ提携しています。

②国内のコードシェア航空会社でのマイル利用

　JALにはグループ以外の航空会社であるフジドリームエアラインズ、天草エアライン、オリエンタルエアブリッジが運航するコードシェア便の路線があります。この路線ではJAL便名で予約した有償搭乗でマイル積算が可能です。またJAL国内線特典航空券でも利用可能です。

③提携航空会社の例外規定に注意

　単独のマイレージ提携航空会社のマイル利用では会社別に例外規定が多々あります。ハワイアン航空ではハワイ−北米線はマイル精算対象外になることなどがその一例です。
[詳細説明：JAL編（2023−24年版：P156〜P161）]

▲ワンワールド・ホームページ
JALが加盟するワンワールドの概要がわかります。

▲ワンワールド・ホームページQRコード
このQRコードで直接 WEB画面にアクセスできます。

まとめ

●提携航空会社の路線網を知ることはマイルの有効活用に直結

　国際線の利用では、周遊旅程や区間数の制約などの諸条件をクリアするために、加盟アライアンスやマイレージ提携の各航空会社の路線網を事前に知っておくことがマイル獲得でのキーポイントとなります。その際季節便やコードシェア便の区別にも注意を払っておく必要があります。

●アライアンス以外の提携航空会社便の例外規定に注意

　単独でのマイレージ提携航空会社のマイル利用ではマイル積算条件に関しては例外規定が多い点に注意しましょう。

●路線網の差と一方のマイレージしか通用しない目的地

　世界的な路線網を有するアライアンスにも加盟航空会社の本拠地の有無で路線網に差があります。ワンワールドはLATAM航空が脱退したことで中南米地区の域内路線網が手薄になりました。ただしJALはLATAM航空と単独のマイレージ提携を継続しており、これによってイースター島に行ける唯一の航空会社とのマイレージ提携があることになります。

違いを知る（マイルの貯め方⑥）
ツアーマイル&宿泊でマイル獲得

　旅行商品（ツアー）や宿泊でマイルを貯める場合AMCとJMB
には特有の方法があります。そこで改めてツアーと宿泊によるマ
イルの貯め方を点検していきます。

両社共通
●ネットポイントサイトと支払い手段を工夫してマイルの多重取り

　両社のツアー商品サイト、オリジナル宿泊サイト（ANAトラベラー
ズホテルやJALイージーホテル）、自社WEB経由のマイレージ提
携宿泊やツアーサイト等を使ったツアーでの宿泊の予約・購入に際
しては、「Gポイント」等のネットポイントサイト経由で予約すると、
ポイントサイトのポイントも貯まります。また、ポイントもマイル
へ交換できます。さらにマイルへ交換できるポイントが貯まるクレ
ジットカード払いにすることで、マイルの多重取りができます。

ANA
①ツアーマイルとフライトマイルが貯まる

　ANAトラベラーズのツアー商品ではフライトマイル以外に
旅行代金の100円につき1マイルのツアーマイルが貯まります。

②ツアー・宿泊での追加マイルプラン

　ANAのダイナミックパッケージと ANAトラベラーズホテル
でのプラスマイル（最大で1泊2,000マイル）が獲得できるプランの

設定があり、料金が割増とはなりますがマイルを一挙に増やすことができます。

[詳細説明：ANA編（2022－23年版：P118〜P119、P126〜P127、P152〜P163)]

▲ANAのツアー商品ホームページ・トップ画面
ANAのツアー商品はスマホでも予約可能です。

▲ANAのツアー商品ホームページQRコード
このQRコードで直接WEB画面にアクセスできます。

 JAL

①ツアーマイルの新設

　JMB旅プラス会員は廃止されましたが、JALのツアー商品（国内・海外）ではフライトマイル以外に新たにツアーマイル（旅行代金に応じて100円＝1マイル）が貯まるようになりました。

②JALカードツアープレミアム

　JALカードのオプションプログラムである「JALカードツアープレミアム」（年会費2,200円（税込））に参加すると、JALグループ便利用したツアーでのフライトマイル（区間マイルの50％）や、積算率70〜50％の割引運賃が区間マイル100％に増量となります。

[詳細説明：JAL編（2023－24年版：P144〜P145、P152〜P153、P178〜P189)]

▲JALのツアー商品ホームページ・トップ画面
JALのツアー商品はスマホでも予約可能です。

▲JALのツアー商品ホームページQRコード
このQRコードで直接WEB画面にアクセスできます。

まとめ

●ネットポイントサイトの利用と支払い手段を工夫してマイルの多重取り

　JALやANAのツアー商品や宿泊施設や宿泊予約サイトでのネット経由の予約・購入に際し、ネットポイントサイトを経由し、マイルが貯まるカードなどの支払い手段を工夫することで、マイルの多重取りが可能になります。

●マイルを短期間で増量したい方に便利なマイル増量プラン（AMC）

　日本の2大マイレージではマイルを買うことができません。目標の交換特典にマイルを短期間で貯めたい場合など、一気にマイルを増やすにはAMCでのツアーや宿泊でのマイル増量プランは有用な方法です。

●ツアー利用の多い方に有利なJALカードツアープレミアム

　フライトマイルが増量できる「JALカードツアープレミアム」（有料）は、ツアーや国際線の割引運賃での利用が多い方には、マイル獲得に非常に有利な手段です。欧米線に1往復するだけでこの年会費の元がとれます。

違いを知る（マイルの貯め方⑦）
ポイント交換

　ポイント交換でマイルを貯めることは、だれにでもすぐに利用可能であると同時にマイルを増やすことに有力な方法です。AMC、JMBともにポイント交換の対象となる提携ポイントは非常に種類が多く、その条件は様々です。ANAマイルにしか交換できないポイントもあれば、JALマイルにしか交換できないものもあります。また両方へ交換できるものもありますが、条件が異なる場合があります。

　さらに両社のマイルへ直接交換できないポイントでも、他のポイントへの交換を使って、最終的にANAやJALのマイルへ交換できるものがあります。またポイント交換の経由方法によって、交換条件がマイルへ直接交換するよりも好条件になるケースもあります。ただそれには会費を払ってまた別のカード会員になる必要があるものもあり、その方法が有利かどうかは一律に決まりません。

●主な基本利用条件

①**種類**：ポイント交換で両社のマイルへ交換できるものを分類すると次の五つのタイプに大別できます。（1）共通ポイント（Ponta、Tポイント等）、（2）お買い物ポイント（提携企業店舗やネットサイトで物品やサービス購入で獲得するポイント）、（3）クレジットカードのポイント（JCBカード等クレジットカードの利用額に応じて獲得できるポイント）、（4）電子マネーなど非現金決済ポイント（nanaco等）、（5）ネットポイント（Gポイント、Pex等）。

②**対象会員**：ポイント交換はだれもが無料でネットでの会員登録できるものと、カード申し込みや有料の会員カード限定等の区別があります。

③**交換条件**：ポイント交換の交換条件として注意すべき点は以下の点です。（1）交換比率、（2）最低交換ポイント数、（3）交換ポイント数単位、（4）交換に必要な手数料の有無、（5）マイル口座への反映期間、（6）対象カードや口座種別により条件が異なる場合。

④**ネットポイントの交換提携サービス**：マイルへ交換可能なネットポイントの交換提携サービスは非常に多岐にわたるため、ホームページを丹念に調べないとみつけられないほど複雑です。また条件の変更やサービス自体の改廃も多いので、定期的に閲覧することで自分のライフスタイルにあったマイル獲得法が発見できます。

ANA

（1）**共通ポイント**：Tポイント、楽天ポイント等。
（2）**お買い物ポイント**：ヤマダ電機、マツモトキヨシ等。
（3）**クレジットカードのポイント**：JCB他多数。
（4）**電子マネーなど非現金決済ポイント**：楽天Edy等。
（5）**ネットポイント**：Gポイント、Pex等
［詳細説明：ANA編（2022-23年版：P138～P152）］

▲ファミマTカード（筆者使用中）
長期使用で券面が擦り切れています。

▲マツモトキヨシカード（筆者使用中）
マツキヨに行くときは忘れないように財布に常備。

ANAマイルへ交換できるポイントの交換条件

(単位：ポイント)

ポイント名	ANAマイル				Tポイント（経由）		
	最低交換数	交換単位	1マイル/P	年間上限	最低交換数	交換単位	1マイル/P
楽天ポイント	50	2	2.0	240,000	-	-	-
モッピー	-	-	-	-	540	540	2.2
Gポイント	30	30	3.0	なし	100	100	2.0
So-netポイント	250	25	2.5	15,000	-	-	-
ちょコム	-	-	-	-	-	-	-
ちょびリッチ	-	-	-	-	1,000	1,000	2.2
ドットマネー by Ameba	300	300	3.5	なし	1,000	1,000	2.0
ハピタス	-	-	-	-	300	300	2.0
ネットマイル	1,000	1,000	6.4	なし	1,000	1,000	4.4
PeX	1,000	1,000	33.3	なし	1,000	1,000	20.0
Point Income	3,500	3,500	3.5	なし	100	100	2.0
ポイントタウン	350	＊	70	なし	100	100	2.0
アメフリ	-	-	-	-	-	-	-
フォートラベルポイント	1,000	1,000	20.0	なし	-	-	-
Ezoca	300	300	3	なし	-	-	-

 JAL

（1）**共通ポイント**：Ponta、楽天ポイント、dポイント等。

（2）**お買い物ポイント**：ビックカメラ、パークス24等

（3）**クレジットカードのポイント**：JCB他多数

（4）**電子マネーなど非現金決済ポイント**：WAON等。

（5）ネットポイント：Gポイント等

［詳細説明：JAL編（2023－24年版：P164〜P177）］

▲LAWSON Pontaカード（筆者使用中）
長期使用で券面が擦り切れています。

▲Times Club Card（筆者使用中）
駐車代でもJALマイルが貯まります。

JALマイルへ交換できるポイントの交換条件

（単位：ポイント）

ポイント名	JALマイル				Ponta（経由）		
	最低交換数	交換単位	1マイル/P	年間上限	最低交換数	交換単位	1マイル/P
楽天ポイント	50	2	2.0	240,000	-	-	-
モッピー	1,000	1,000	2.0	なし	315	315	2.1
Gポイント	30	30	3.0	なし	100	100	2.0
So-netポイント	250	25	2.5	15,000	-	-	-
ちょコム	100	100	3.3	なし	-	-	-
ちょびリッチ	800	400	4.0	なし	-	-	-
ドットマネー by Ameba	500	500	2.0	なし	300	300	2.0
ハピタス	3,000	2,000	2.0	600,000	-	-	-
ネットマイル	1,200	1,200	6.0	なし	1,200	1,200	4.0
PeX	4,000	400	40.0	なし	1,000	1,000	20.0
Point Income	4,500	4,500	30.0	なし	-	-	-
ポイントタウン	1,250	1,250	2.5	なし	100	100	2.0
アメフリ	3,000	3,000	30.0	なし	5,500	5,000	22.2
フォートラベルポイント	1,000	1,000	16.7	なし	-	-	-
Ezoca	300	300	3.0	なし	-	-	-

まとめ

●ポイント交換率がANAとJALで異なるものがある

ANAマイルとJALマイルの双方に交換可能なポイントがネットポイントを中心に多数存在します。多くの場合で交換率等の交換条件が異なります。

●直接交換よりも複数のポイント交換経由が有利なケースがある

ポイント交換の機能を複数使うことで、直接交換するよりも交換率が好条件となるケースがあります。ただしその方法には会費が必要な会員カードを使用したり交換に要する日数がかかったりするなどの制約が伴います。

●交換手数料と交換単位に注意

交換条件のよいポイント交換では、一部のクレジットカードでは交換手数料（現金やポイント）が必要となる場合があります。またポイント交換の多くには、最低交換数の制限や一定期間内における交換数の上限が設定されているものもあります。

違いを知る（マイルの貯め方⑧）
マイルの合算

　自分が貯めたマイルをほかの会員と譲受することはAMCとJMBともにできません。ただし生計を同一にする配偶者と一親等以内の家族なら、AMCならANAカード会員と、JMBならJALカード会員向けの「家族マイル制度」で、特典交換時にマイル合算利用ができます。

ANA
「ANAカードファミリーマイル」

　AMC日本地区会員は、生計を同一にする家族（配偶者か同性パートナーと一親等内）が、クレジットカードを使う資格のある家族は全員がANAカード会員（家族カードも含む）になる前提で、最大10名（プライム会員1名と家族会員1〜9名）で家族のマイルを合算して使うことができます。日本国外在住の会員は「ANAマイレージクラブファミリーアカウントサービス」の利用となり、併用はできません。「ANAカードファミリーマイル」での特典交換の利用には、ファミリーマイルサービスを使う方法と、個人のマイルのみを使う方法を選べます。合算利用では個別の条件（優先順位）があります。また利用できる交換特典も制限があります。
［詳細説明：ANA編（2022−23年版：P96）］

▲ ANAカードファミリーマイルWEB画面
AMCでの家族のマイルを合算して使える仕組みです。

▲ ANAカードファミリーマイルWEB画面QR
コード
このQRコードで直接WEB画面にアクセスできます。

 JAL

「JALカード家族プログラム」

　生計を同一にする家族(配偶者か同性パートナーと一親等内)が、クレジットカードを使う資格のある家族全員がJALカード会員(家族カードも含む)になる前提で、JMBでは家族のマイルを合算して使うことができます。親会員1名＋子会員最大9名が加入できます。JMB海外地区会員は「JALファミリークラブ」への入会になり、本会員制度から退会となります。「JALカード家族プログラム」は、個々のJMBマイル口座に積算されたマイルを特典交換時に合算して申し込む制度で、特典交換は家族のマイルを合算してつかう方法と、個人のマイルのみをつかう方法を選べます。「どこかにマイル」と「マイルで年会費」はマイルを合算してつかう方法のみとなります。

［詳細説明：JAL編(2023－24年版：P229)］

▲ JALカード家族プログラムWEB画面
JMBでの家族のマイルを合算して使える仕組みです。

▲ JALカード家族プログラムWEB画面QR
コード
このQRコードで直接WEB画面にアクセスできます。

まとめ

●家族マイルの利用は二つの方法を選ぶことが可能

　「ANAカードファミリーマイル」と「JALカード家族プログラム」の特典交換は、家族マイルの合算を使う方法と、個人のマイルのみを使う方法を選ぶことができます。

●マイルの合算は特典交換時に実施

　ANAとJALの家族マイル制度では、マイルは個々のマイル口座に貯まり、マイルの合算は特典交換時に行われます。また合算マイルの残高表示は「ANAカードファミリーマイル」ではプライム会員（親会員）のみ対応しています。

●合算マイルは有効期限の短い順に減算

　ANA、JALとも家族合算で特典交換に使うマイルは有効期限の短いものから減算されます。マイルの有効期限が同じ場合は、親会員、子会員の順に引き落とします。合算利用時に、特定の家族のマイル口座を指定してそのマイルを優先的に使うような減算はできません。また、両者とも個人の口座からの単独でのマイル利用は可能です。

違いを知る（マイルの貯め方⑨）
日常生活でマイルを貯める

　AMCとJMBは海外航空のマイレージとは比べ物にならないくらい、日本国内ではマイル提携サービスが充実しています。だから日本在住の会員は日常生活のあらゆるシーンでマイルを貯めることができます。「マイルの貯め方」のパートの最後に、日常生活でのマイル獲得を見直してみます。

主な日常生活でマイルを貯める分野例

①**公共交通**：鉄道会社との提携カードや交通系ICマネーの利用。

②**外食**：AMCのグルメマイルやJMBでのレストランマイル等。

③**コンビニ**：大手コンビニでの支払方法（電子マネー等）の利用。

④**デパート**：特定の提携デパートでのマイル増量。

⑤**ネット通販**：提携ネット通販でのマイル獲得。

⑥**金融機関**：各種提携サービスの利用。

⑦**公共料金**：マイレージ提携の電気料金やクレジットカード（支払い等）の利用。

⑧**生活関連消費**：ドラックストア等日常的に利用度の高い店舗やサービス。

ANA

①**公共交通**：ANAカード交通IC一体型等の利用。

②**外食**：グルメマイル参加店、ANAカードマイルプラスの飲食店等。

③**コンビニ**：AMCモバイルプラスはコンビニ利用が便利。

④**デパート**:阪急百貨店や高島屋等はANAカードマイルプラス。

⑤**ネット通販**:楽天市場はANAマイレージモール経由で。

⑥**金融機関**:各種提携サービスの利用。

⑦**公共料金**:ANAでんきや四国電力等とのポイント提携。

⑧**生活関連消費**:マツキヨ、ヤマダ電機、サカイ引越センター等多数。

[詳細説明:ANA編(2022－23年版:P164～P192)]

▲ANAグルメマイル・トップ画面
ANAマイルが貯まる飲食店を検索できます。

▲ANAグルメマイル・トップ画面QRコード
このQRコードで直接WEB画面にアクセスできます。

JAL

①**公共交通**:JALカードSuica等の提携カードの利用。

②**外食**:JMBレストランマイルやJALカード特約店の飲食店。

③**コンビニ**:ファミリーマートはWAONマイル特約店。

④**デパート**:全国の大丸とマツザカヤはJALカード特約店。

⑤**ネット通販**:Amazon.co.jpはJMBパートナー。

⑥**金融機関**:北海道銀行、日本生命等。

⑦**公共料金**:JALでんきや各電力会社とのポイント提携。

⑧**生活関連消費**:タクシー、ゴルフ、スキー、アパマンショップ等多数。

[詳細説明:JAL編(2023－24年版:P190～P218)]

▲レストランマイル・トップ画面
JALマイルが貯まる飲食店を検索できます。

▲レストランマイル・トップ画面QRコード
このQRコードで直接WEB画面にアクセスできます。

まとめ

●提携クレジットカードが有利

　ANAカードのANAカードマイルプラス加盟店、JALカードの
JALカード特約店がマイルを増やすには有利です。

●コンビニでは楽天EdyのAMCモバイルプラスが有利

　主要コンビニのすべてで利用でき、最大200円＝2ANAマイル貯
まる楽天Edyでの支払い（「AMCモバイルプラス」）はTポイント
等のポイントカードのポイント二重取りもでき有利。JALなら
JMB WAONのファミリーマート利用が有利。

●マイレージサイト利用のネット通販のマイル積算条件差

　楽天市場はANAマイレージモール経由なら200円＝1マイル、
JALマイレージモール経由なら300円＝1マイル。

　Amazon.co.jpはJALマイレージモール経由なら200円＝1マイル、
ANAマイレージモール経由は300円＝1マイルと条件が異なります。

違いを知る（上級会員制度①）
上級会員制度のしくみ

　マイレージに「マイル」以外にもう一つのサービスとして、実際の航空機の利用状況に応じて付与される別のポイント（一般的にエリートポイントと称したものが該当）お得意様サービス（上級会員制度）がAMCとJMBにあります。ポイントに応じたステイタス（会員ランク）別に、航空機利用等に際し様々な優遇策が提供されます。

ANA（プレミアムメンバーサービス）
①上級会員資格ポイント名: プレミアムポイント

②ポイント獲得の基準: ANAグループ便およびスターアライアンス加盟航空会社便のマイル積算運賃で加算。基準は国内線、国際線（路線区分あり）で換算率は異なり、運賃の予約クラスで搭乗ボーナスポイントが加算される。

③獲得期間基準: 1年間（1月1日から12月31日:搭乗日基準）

④ランク区分: 全国獲得ポイント数に応じて以下の4ランクに区分。

（1）AMCブロンズサービス: 30,000ポイント（内ANAグループ便利用15,000ポイント以上）またはANAグループ便利用15,000ポイント＋ライフソリューション4サービス以上利用＋ANAカードとANA Pay年間利用金額300万円。

（2）AMCプラチナサービス: 50,000ポイント（内ANAグループ便利用25,000ポイント以上）またはANAグループ便利用30,000ポイント＋ラインソリューション7サービス以上利用＋ANAカードとANA Pay年間利用金額400万円。

（3）**AMCダイヤモンドサービス**：100,000ポイント（内ANAグループ便利用50,000ポイント以上）またはANAグループ便利用50,000ポイント＋ライフソリューション7サービス以上利用＋ANAカードとANA Pay年間利用金額500万円、またはANAグループ便利用80,000ポイント＋ライフソリューション4サービス以上利用＋ANAカードとANA Pay年間利用金額400万円。

（4）**AMCダイヤモンド（サービス）＋モア**：ANAグループ便利用150,000ポイント＋ライフソリューション7サービス以上利用＋ANAカードとANA Pay年間利用金額600万円。

⑤**ランク別のサービス内容**：各種の優先サービスがランク別に細かく規定されています。専用ラウンジのクーポンなし利用はプラチナ以上からとなります。

⑥**その他**：プラチナ以上の資格を得るとスーパーフライヤーズカード（SFC）への入会資格が獲得できます。

［詳細説明：ANA編（2022－23年版：P18〜P21、P200〜P207）］

▲**AMCプレミアムポイント説明WEB画面**
このQRコードで直接WEB画面にアクセスできます。

▲**羽田空港国内線ANAプレミアムチェックイン**
ANAのプラチナ以上のステイタス保持者とSFC会員、プレミアムクラス向けの優先セキュリティーゲートです。

🛫 JAL(FLY ONプログラム)

①**上位会員資格ポイント名**:FLY ONポイント。

②**ポイント獲得の基準**:JALグループ便およびワンワールド加盟航空会社便のマイル積算運賃で加算。国内線、国際線(路線区分あり)で換算率は異なり、また運賃の予約クラスで搭乗ボーナスポイントが加算されます。

③**獲得期間基準**:暦年1年間(1月1日から12月31日:搭乗日基準)

④**ランク区分**:全獲得ポイント数に応じて以下の4ランクに区分。

(1)JMBクリスタル:30,000ポイント(内JALグループ便利用15,000ポイント以上)または30回(内JALグループ便15回以上かつJALグループ便利用10,000ポイント以上)。

(2)JMBサファイア:50,000ポイント(内JALグループ便利用25,000ポイント以上)または50回(内JALグループ便25回以上かつ、JALグループ便利用15,000ポイント以上)。

(3)JGCプレミア:80,000ポイント(内JALグループ便利用40,000ポイント以上)または80回(内JALグループ便40回以上かつ、JALグループ便利用25,000ポイント以上)

(4)JMBダイヤモンド:100,000ポイント(内JALグループ便利用50,000ポイント以上)または120回(内JALグループ便60回以上かつ、JALグループ便利用35,000ポイント以上)。

⑤**ランク別のサービス内容**:各種の優先サービスがランク別に細かく規定されています。専用ラウンジのクーポンなし利用はサファイア以上です。

⑥**その他**:サファイア以上の資格を得ると、JALグローバルクラブ(JGC)への入会資格が獲得できます。2024年以降は変更予定です。

[詳細説明:JAL編(2023-24年版:P220〜P224)]

▲羽田空港国内線JALグローバルクラブエントランス
JALのJGC会員とサファイア以上のステイタス保持者優
先セキュリティーゲートです。

▲FLY ON プログラム説明WEB画面QRコード
このQRコードで直接WEB画面にアクセスできま
す。

まとめ

●ANAの上級会員制度はライフソリューションサービス等と併用可能

　ANAでのステイタス獲得にはAMCの関連サービス（ライフソ
リューションサービス）の利用数とANAカードとANA Pay年間
利用額の併用で獲得できます。

●JALの上級（上位）会員制度は搭乗回数の併用が可能

　JALでのステイタス獲得にはポイント以外に搭乗回数との併用
基準があり、国内線の短距離区間を多頻度で利用する方には便利
な制度です。

違いを知る（上級会員制度②）
ステイタス会員特典

　両社の上級会員制度、AMCでの「プレミアムメンバーズ」と JMBでの「FLY ON プログラム」のステイタス獲得者は、独自の特典が与えらます。ここではその特典の違いを点検します。

ANA

①**フライトボーナスマイル**：ステイタス会員はANAグループ便に加え、ユナイテッド航空、ルフトハンザドイツ航空、スイス インターナショナル エアラインズ、オーストリア航空運航便搭乗でフライトボーナスマイルが獲得できます。ステイタス、航空会社、搭乗クラスにより獲得率が異なります。

②**ラウンジの利用**：ステイタスに応じて利用できるラウンジの区分があります。ブロンズ会員はクーポンが必要です。

③**専用保安検査場**：プラチナ以上は特定空港の専用のセキュリティーゲートの利用ができます。

④**前方座席予約**：ANAプレミアムメンバーにはこのサービスはありません。

⑤**優先搭乗**：ステイタスに応じて搭乗グループの優先順位があります。

⑥**空席待ち**：ステイタス別に空席待ちの優先順位が適用されます。

⑦**特典航空券先行・優先予約**：国内線は「いっしょにマイル割」も同じくブロンズ以上が先行予約適用、国際線はプラチナ以上がアップグレード特典も含め優先予約可能です。

⑧**国内線特典航空券の空席待ち**：ダイヤモンド会員が可能。

⑨**優先バッゲージサービス**：プラチナ以上が対象です。

⑩**アライアンス共通ステイタス**：ステイタスに応じて適用基準があります。ダイヤモンドとプラチナ(スターアライアンス・ゴールド)、ブロンズ(スターアライアンス・シルバー)。

⑪**アップグレード特典**：年間(暦年)のプレミアムポイント獲得数に応じて国内線・国際線(ユナイテッド航空含む)で使えるアップグレードポイントが獲得できます。アップグレードポイントは現在ANAのみのサービス。

⑫**その他の特典**：ダイヤモンド会員期間中はマイルが失効しません。

[詳細説明：ANA編(2022－23年版：P18～P21、P200～P207)]

▲優先バッゲージサービス(手荷物バーコードタグ)
手荷物が到着空港で優先して出てきます。

▲プレミアムメンバーサービス説明WEB画面
このQRコードで直接WEB画面にアクセスできます。

✈ JAL

①**フライトボーナスマイル**:JALグループ便に加え、アメリカン航空、ブリティッシュ・エアウェイズ、イベリア航空、マレーシア航空運航便搭乗でフライトボーナスマイルが獲得できます。ステイタス、航空会社、搭乗クラスにより獲得率が異なります。

②**ラウンジの利用**:ステイタスに応じて利用できるラウンジの区分があります。クリスタル会員はクーポンが必要です。

③**専用保安検査場**:国内の一部空港に特定のステイタス会員(ダイヤモンド、一部サファイヤも可)向けの専用ゲートが設置されています。

④**前方座席予約**:サファイヤ以上のスタイタス保持者が可能なサービス。

⑤**優先搭乗**:ステイタスに応じて搭乗グループの優先順位があります。

⑥**空席待ち**:ステイタス別に空席待ちの優先順位が適用されます。

⑦**特典航空券先行予約**:国内線に限りダイヤモンド会員が可能なサービス。

⑧**特典航空券の空席待ち**:JALのサービスステイタス特典にはありません。

⑨**優先バッゲージサービス**:クリスタルは国内線クラスJ利用時に限定。

⑩**アライアンアス共通ステイタス**:ステイタスに応じて適用基準があります。ダイヤモンド(ワンワールド・エメラルド)、サファイヤ(ワンワールド・サファイヤ)、クリスタル(ワンワールド・ルビー)

⑪**アップグレード特典**:現在はマイルとの交換特典しかありません。

⑫**その他の特典**:ダイヤモンド会員期間中はマイルが失効しません。

[詳細説明:JAL編(2023−24年版:P220〜P224)]

▲ JAL ラウンジ入口（羽田空港）
サファイア以上でカード提示で利用できます。

▲ JMB サービスステイタス一覧 WEB 画面
この QR コードで直接 WEB 画面にアクセスできます。

まとめ

● AMCは国内線・国際線で使えるアップグレードポイントが獲得可能

AMCのプレミアムメンバーは年間ポイント数に応じて、国内線・国際線（ユナイテッド航空含む）の座席のアップグレードやラウンジ利用、ANA SKY コインへの交換に使えるアップグレードポイントが獲得できます。

● スターアライアンスは共通ステイタスが2区分、ワンワールドは3区分

提携のアライアンスでの共通ステイタスサービスはステイタスによってANAではスターアライアンスはゴールド、シルバーの2区分、JMBではワンワールドのエメラルド、サファイヤ、ルビー3区分で利用可能です。

● フライトボーナスマイルが海外航空会社便でも獲得可能

ステイタス会員は海外の提携航空会社（AMCではユナイテッド航空他3社、JMBではアメリカン航空他3社）のマイル積算運賃での搭乗でフライトボーナスマイルが獲得できます。

違いを知る（上級会員制度③）
SFCとJGC

　AMCとJMBには一定のサービスステイタスを達成した会員が入会できる特別会員制度があります。AMCでの「スーパーフライヤーズカード」（SFC）とJMBでの「JALグローバルクラブ」（JGC）がそれにあたり、毎年クレジットカード会費を払い会員である限り搭乗実績の有無を問わず、一定基準以上のステイタス同様の会員特別サービスとアライアンスの共通ステイタスを保持し続けることができる制度です。この有利な条件の会員になるために、ひたすら航空機を利用し搭乗実績を重ねることを「マイル修行」といわれるようになりました。

　実際私の場合も、航空機を使った出張が多かった頃には毎年ステイタス会員になり、様々な優遇サービスを受けて空の旅は確かに快適になりました。特に海外出張時にはアライアンスの共通ステイタスは絶大な効力がありました。今は航空機を使った出張も以前よりは少なくなり、新型コロナウイルスの問題で海外へ行く機会も減りました。しかし、航空機を利用する際にステイタスがなくなっても、優先セキュリティーゲートや優先バッケージサービスが使えるSFCやJGCのメリットを、混雑してきた各地の空港で最近改めて認識しています。

ANA（スーパーフライヤーズカード:SFC)

①**入会資格者:**「ダイヤモンドサービス」(事前サービス含む)メンバー、「プラチナサービス」(事前サービス含む)メンバー、ANAグループ運航便の搭乗で100万ライフタイムマイルに到達した方。

②**カード年会費:**カードの種類によって異なります。

③**家族カード:**本会員と生計を同一にする配偶者・両親・お子様(18歳以上)は、年間の搭乗実績にかかわらず家族会員に申し込めます。

④**アライアンス共通ステイタス:**スターアライアンス・ゴールドが適用されます。

⑤**各種特典:**ステイタス保持者はそのステイタスが優先されますが、ステイタスがない場合はプラチナに準じたサービスが適用されます。ただしフライトボーナスマイル等は、SFCに固有の条件が適用されます。

⑥**ステイタスの継続特典:**ANAカードのゴールドカードまたはカードプレミアムのSFC会員でサービスステイタスを2年以上継続すると、フライトボーナスマイルは各ステイタスの換算率より10%増量されます。

[詳細説明:ANA編(2022－23年版:P202～P207)]

▲ANAダイナーズスーパーフライヤーズプレミアムカード
家族会員の年会費がかかりません。

▲スーパーフライヤーズカード・WEBトップ画面QRコード
このQRコードで直接WEB画面にアクセスできます。

JAL（JALグローバルクラブ：JGC）

①**入会資格者：**「FLY ON ポイント」でサファイア以上のステイタスを獲得した会員で、JALカードのCLUB-Aカード、CLUB-Aゴールドカード、JALダイナースカード、プラチナのいずれかを保持可能な方。

②**カード年会費：**カードの種類に応じて費用が異なります。

③**家族カード：**本会員と生計を同一にする配偶者・両親・お子様（18歳以上）は、年間の搭乗実績にかかわらず家族会員に申し込めます。

④**アライアンス共通ステイタス：**ワンワールド・サファイアを適用。

⑤**各種特典：** ステイタス保持者はそのステイタスが優先されますが、ステイタスがない場合、クリスタルはサファイアに準じたサービスが適用されます。ただしフライトボーナスマイル等はJGCに固有の条件が適用されます。

⑥**ステイタスの継続特典：**ステイタスを2年以上継続した場合の優遇策はJGCにはありません。

［詳細説明：JAL編（2023 − 24年版：P220〜P224）］

▲JALグローバルクラブ　CLUB-Aカード
年会費が一番低額なJGCカードです。

▲JAL グローバルクラブトップ画面 QRコード
このQRコードで直接WEB画面にアクセスできます。

まとめ

●搭乗機会が減少してもステイタスサービスを継続利用可能

　ライフスタイルの変化で搭乗機会が減っても、この二つの会員制度は一定のサービスステイタスが保証（AMCではプラチナ、JMBではサファイアとほぼ同等）され、その優遇策や近似のサービスが保持できる点が魅力です。

●本会員と同じステイタスサービスを利用できるメリット大の家族カード

　家族カード会員も本会員と同格のステイタスサービス等の優遇策を受けられる点は、非常にメリットが大きい点です。ただし一部特典は本会員限定です。

●海外で利用価値の高いアライアンス共通ステイタス

　アライアンスの共通ステイタス（SFCでのスターアライアンス・ゴールド、JGCでのワンワールド・サファイア）が付与され、海外旅行の多い方にはラウンジ利用、手荷物優先受け取り等のステイタスサービスにおいて有用な会員制度です。

違いを知る
ミリオンマイラー制度

　AMCとJMBには100万マイル以上（区間基本マイルの累計）搭乗実績を達成したマイレージ会員向けに特別なプログラム（ミリオンマイラー）があります。呼称や基準が両者で異なりますが、ここではその条件と付与される特典等の内容の違いを点検してみます。

　AMCとJMBのミリオンマイラーは、マイレージプログラムが発足した当時にはなかった制度です。AMCではミリオンマイラーの基準となる「ライフタイムマイル（LTマイル）」は、ホームページ上に「ANAマイレージクラブご入会からの総飛行距離」とありますので、1997年発足から加算となったマイルの区間基本マイルの累積と解釈されます。ANAのホームページのマイページ上に会員のLTマイルの累積実績が表示されますが、個々の明細はありません。

　一方JMBのミリオンマイラーは現在のところ一般会員向けの制度ではなく、JALグローバルクラブ会員向けの制度です。JALのホームページでミリオンマイラーの基準となる「生涯マイル」のフライト実績の明細がホームページで確認可能です。JALの生涯マイルの基準は、JMBが国内線利用でも使えるようになった1997年ではなく、それよりも以前の1980年以降の搭乗実績（国際線）からが対象（JGC会員）となります。

◢◤ANA（ミリオンマイラープログラム）

①資格獲得基準：AMC 入会以降に ANA グループ運航便の搭乗で100万ライフタイム（LT）マイルを到達された方。搭乗クラスとは関係なく搭乗区間マイル数の累計で特典航空券搭乗分も含みます。

②ランクの種類：50万 LT マイル（専用タグの付与のみ）、100万 LT マイル（特典2,3付与）、200万 LT マイル（特典1,2,3付与）、300万 LT マイル（特典1,2,3付与）、400万 LT マイル（特典1,2,3付与）、500万 LT マイル（特典1,2,3付与）、100万 LT マイル（ANA 便＋パートナー航空会社便）（専用タグの付与のみ）。

③特典：特典 1（生涯にわたる「ANA SUITE LOUNGE」の利用）、特典 2（生涯にわたるマイルの有効期限の延長）、特典3（スーパーフライヤーズカードへの申し込み資格）

④対象マイルの積算対象外：提携航空会社特典航空券を利用する場合や他航空会社のマイルで交換した ANA 特典航空券を利用する場合。

[詳細説明：ANA編（2022 – 23 年版：P208 ～ P209、P211 ～ P214）]

▲ミリオンマイラープログラム紹介 WEB 画面
ANAのミリオンマイラー制度の内容がわかります。

▲ミリオンマイラープログラム紹介 WEB 画面
QRコード
このQRコードで直接 WEB 画面にアクセスできます。

✍️ JAL（JGC Life Milege）

①**資格獲得基準**：JGC会員でマイル積算対象運賃でのJALグループ運航便の搭乗実績（1980年以降）で100万マイル（国際線）または1250回（国内線）を到達した方。

②**ランクの種類**：15万マイル（国際線通算）または300回（国内線搭乗回数）（専用タグのみ）、25万マイル（国際線通算）または500回（国内線搭乗回数）（名前刻印専用タグ）、50万マイル（国際線通算）または750回（国内線搭乗回数）（名前刻印専用タグ）、75万マイル（国際線通算）または1,000回（国内線搭乗回数）（名前刻印専用タグ）、100万マイル（国際線通算）または1,250回（国内線搭乗回数）（名前刻印専用タグ＋特典A、B）、150万マイル（国際線通算）または1,750回（国内線搭乗回数）（特典B）、200万マイル（国際線通算）または2,250回（国内線搭乗回数）（特典C）。

③**特典**：

特典A（人数制限なしの同行家族ラウンジ入室、家族専用サクララウンジクーポン、家族3名をJGC本会員へ招待、マイルの有効期限を廃止、お持ちのマイルをご家族様に継承）

特典B（JGC Five Star Gift）

特典C（生涯にわたって国際線JALファーストクラスラウンジ、国内線ダイヤモンド・プレミアラウンジの利用）

④**対象マイルの積算対象外**：マイレージ提携航空会社便や特典航空券を利用。

[詳細説明：JAL編（2023－24年版：P222～P224）]

▲JGC Life Mileage（JALグローバルクラブ）紹介
WEB画面
JALのミリオンマイラー制度の内容がわかます。

▲JGC Life Mileage（JALグローバルクラブ）
紹介WEB画面QRコード
このQRコードで直接WEB画面にアクセスできます。

まとめ

●自社グループ便の搭乗実績が基準

　両社ともミリオンマイラーの基準になるマイル数は自社グループ便の搭乗実績です。提携航空会社（パートナー航空会社）便はANAのタグ付与（合算で100万LTマイル）以外は対象外です。

●ANAは自社特典航空券の搭乗実績もミリオンマイル実績対象

　ANAの「ミリオンマイラープログラム」は、搭乗実績に自社の特典航空券での搭乗も含まれます。なお特典航空券のLTマイルは事後登録の方法（搭乗後6か月以内が期限）を使います。

●JALは国内線の搭乗回数でも資格獲得可能

　JALの「JGC Life Milege」はJMB会員の中でJGC会員が対象です。国際線は100万マイル達成が基準ですが、国内線なら1,250回の搭乗実績で特典が得られるミリオンマイラーの資格（JGC Five Star）となります。

違いを知る（マイルの使い方①）
国内線特典航空券

　JALマイレージバンク(JMB)は2023年4月12日から国内線特典航空券の制度を大幅に変更しました。このことでANAマイレージクラブ(AMC)の国内線特典航空券とは、その利用条件で大きな差異ができました。交換に必要なマイル数が以前より増加したケースもあれば、逆に少なくなっているケースもあり、また付帯条件の内容も加えると一概に両社の国内線特典航空券の優劣は決められません。諸条件を比較して、読者自身の条件に適合するかを見分けて判断してください。

ANA

①**旅程**：沖縄離島利用区間（往復4区間）を除き直行区間のみ。日本エアコミューターと天草エアラインが運航する日本国内線コードシェア便は特典航空券対象外。

②**片道旅程**：可能。

③**2つの旅程の同時申し込み**：可能。

④**区間数**：沖縄離島利用区間片道2区間。他旅程片道1区間。

⑤**利用座席クラス**：普通席のみ。プレミアムシートは空席時のみ追加料金を払い利用可能。

⑥**必要マイル数**：ゾーン区分とシーズン制併用。

⑦**予約の開始日**：年に2回運航ダイヤ期間ごとの一斉予約開始後。

⑧**予約の変更**：無料で可能（予約便の前日まで）。

[詳細説明：ANA編（2022－23年版：P48～P51）]

▲ANA国内線特典航空券WEB画面
ANA国内線特典航空券の概要がわかります。

▲ANA国内線特典航空券WEB画面QRコード
このQRコードで直接WEB画面にアクセスできます。

✈ JAL

①**旅程**：直行区間と乗継区間（出発空港毎に乗継可能（同日中かつ6時間以内）な区間の設定があります。

②**片道旅程**：可能。

③**2つの旅程の同時申し込み**：可能。

④**区間数**：片道最大3区間（出発空港毎に決まった乗継旅程あり）。

⑤**利用座席クラス**：クラスJ、ファーストクラスも可能。

⑥**必要マイル数**：ゾーン区分。申し込み時点での希望日程や便により変動。

⑦**予約の開始日**：搭乗日の330日前の9:30から。

⑧**予約の変更**：不可（手数料を払いマイル口座に戻し入れし、新たな予約を申し込む）。

［詳細説明：JAL編（2023－24年版：P48～P52）

▲JAL国内線特典航空券WEB画面
JAL国内線特典航空券の概要がわかります。

▲JAL国内線特典航空券WEB画面QRコード
このQRコードで直接WEB画面にアクセスできます。

国内線特典航空券片道（直行区間）の最低必要マイル数比較

ANA（東京発）
単位：マイル

行先	区間区分	片道マイル数		
		Lシーズン	Rシーズン	Hシーズン
名古屋	1−300マイル	5,000	6,000	7,500
大阪、小松	1−300マイル	5,000	6,000	7,500
広島、松山	301-800マイル	6,000	7,500	9,000
札幌、福岡	301-800マイル	6,000	7,500	9,000
那覇	801-1,000マイル	7,000	9,000	10,500
石垣、宮古	1,001-2,000マイル	8,500	10,000	11,500

L：ロー、R：レギュラー、Hハイ

JAL（東京発）
単位：マイル

行先	ゾーン	片道マイル数
（札幌⇔函館等）	Aゾーン	4,000
名古屋	Bゾーン	5,000
大阪、小松	Cゾーン	6,000
広島、松山	Dゾーン	7,000
札幌、福岡	Eゾーン	8,000
那覇	Fゾーン	9,000
石垣、宮古	Gゾーン	10,000

国内線特典航空券片道最低交換マイル数比較（乗継区間）
（東京⇔石垣のみ往復4区間）

数値：マイル

出発地	到着地	ANA			JAL
		Lシーズン	Rシーズン	Hシーズン	
旭川	福岡（羽田/乗継）	12,000	15,000	18,000	10,000
	沖縄（羽田/乗継）	15,000	16,500	19,500	10,000
札幌	鹿児島（東京/乗継）	12,000	15,000	18,000	9,000
	鹿児島（大阪/乗継）	12,000	15,000	18,000	9,000
	宮崎（東京/乗継）	12,000	15,000	18,000	9,000
	宮崎（大阪/乗継）	11,000	13,500	16,500	9,000
秋田	福岡（羽田/乗継）	11,000	13,500	16,500	8,000
	福岡（伊丹/乗継）	11,000	13,500	16,500	8,000
	沖縄（羽田/乗継）	15,000	16,500	19,500	10,000
	沖縄（伊丹/乗継）＊	12,000	15,000	18,000	15,000
東京	対馬（福岡/乗継）	11,000	13,500	16,500	8,000
	石垣（那覇/乗継）往復	17,000	20,000	23,000	16,000
徳島	札幌（東京/乗継）	12,000	15,000	18,000	8,000
	沖縄（福岡/乗継）＊	-	-	-	14,000
	沖縄（羽田/乗継）＊	13,000	16,500	19,500	16,000

＊：JAL国内線特典航空券で指定乗継旅程がない区間

沖縄離島4区間特典航空券マイル数比較

出発地	目的地（那覇経由）	ANA 単位:マイル		
		Lシーズン	Rシーズン	Hシーズン
札幌	石垣、宮古	17,000	20,000	23,000
仙台	石垣、宮古	17,000	20,000	23,000
東京	石垣、宮古	17,000	20,000	23,000
名古屋	石垣	17,000	20,000	23,000
	宮古	14,000	18,000	21,000
大阪	石垣、宮古	14,000	18,000	21,000
福岡	宮古	12,000	15,000	18,000

出発地	目的地	JAL 単位:マイル	
		乗継	那覇滞在
札幌	宮古（東京又は大阪&那覇/乗継）	24,000	30,000
	石垣（東京又は大阪&那覇/乗継）	24,000	32,000
仙台	宮古（東京又は大阪&那覇/乗継）	24,000	30,000
	石垣（東京又は大阪&那覇/乗継）	24,000	32,000
東京	宮古（東京又は大阪&那覇/乗継）	20,000	28,000
	石垣（東京又は大阪&那覇/乗継）	20,000	30,000
名古屋	宮古（那覇/乗継）	20,000	28,000
	石垣（那覇/乗継）	20,000	30,000
大阪	宮古（那覇/乗継）	18,000	26,000
	石垣（那覇/乗継）	18,000	28,000
福岡	宮古（那覇/乗継）	18,000	26,000
	石垣（那覇/乗継）	18,000	28,000

ANAの沖縄諸島4区間は那覇で途中降機可能ですが、JALの乗継旅程はできません。同じ条件での比較の為JALは那覇滞在の場合は必要マイル数が異なります。

まとめ

●ひとつの特典航空券で利用可能な旅程が大きく異なる

　JALには乗継旅程が可能で直行便のない区間でも1枚の特典航空券で利用できる設定が多数ありますが、ANAには沖縄利用区間(4区間利用往復旅程)以外は乗継旅程の設定はありません。

●ANAのシーズン区分とJALのマイル変動制の違い

　ANAには年間に三つのシーズン区分があり、交換マイル数が異なります。JALにはシーズン区分はありませんが、国内線特典航空券は申し込み時期の利用状況によって必要マイル数が増える変動制です。ANAの国内線特典航空券は申し込み時点で一般席に空席があっても特典航空券の予約が取れないことがありますが、JALはマイル変動制のため予約が取れる可能性が高くなります。

●国内線特典航空券の予約便の変更方法の違い

　ANAなら無料で予約変更可能ですが、変更希望便に特典航空券席の空きがある場合に限定されます。JALの国内線特典航空券は無料での変更はできません。手数料1,000円でマイル口座へ払い戻し、再度新しい特典航空券を申し込む方法で予約便を変更します。

●普通席以外のシートを特典航空券で利用

　JALには普通席以外にも特典航空券の設定がありますが、ANAのプレミアムシートにはありません。AMC会員はANAの国内線特典航空券では2日前に空席があれば追加料金(代わりにアップグレードポイントも利用可能)を払うことにより、アップグレードが可能です。

違いを知る（マイルの使い方②）
少ないマイル数の国内線特典航空券

　AMCには通常より少ないマイル数で交換できる国内線特典航空券として「今週のトクたびマイル」と「ANAにキュン！」があります。JMBにも通常の国内線特典航空券よりも少ないマイル数で交換できる国内線特典航空券として「どこかにマイル」と「どこかにマイル（南の島）」があります。両者の少ないマイル数の国内線特典航空券の違いを点検します。

✈ ANA（今週のトクたびマイル／ANAにキュン!）

①**利用区間：今週のトクたびマイル**：出発地と目的地は毎週火曜日の午前12時発表。予約発券期間は翌週水曜日から翌週火曜日まで。搭乗期間はその週の木曜日から1週間（翌週水曜日）までの指定路線の空席便に限定。**ANAにキュン！**：不定期に毎月29日に「国内線特典航空券減額マイルキャンペーン」の路線を発表。予約期限と利用期間に制限あり。

②**必要交換マイル数：今週のトクたびマイル**（片道1区間が最低3,000マイルから）、**ANAにキュン！**（設定ごとに異なる）。

③**マイル引き落とし会員**：AMC会員。

④**旅程＆期間**：片道旅程も可能。**今週のトクたびマイル**：（路線発表の翌々日の木曜日から翌週水曜日までの1週間）、**ANAにキュン！**：（発表時点で個別設定の期間）。

⑤**申し込み方法**：WEB限定。

⑥**申し込み期日：今週のトクたびマイル**：（路線発表の翌日水曜日

から翌週火曜日までの1週間）、**ANAにキュン！**：発表月29日当日中（0時00分〜23時59分）。

⑦**利用人数**：制限なし。

⑧**利用参加資格**：全員AMC特典利用者登録済であること。

⑨**変更・今週のトクたびマイル**：（対象搭乗期間内（1週間）でかつ同一区間のみ変更が可能。予約便の出発前かつ変更希望便出発日の前日まで。発着空港を変更不可）、**ANAにキュン！**：（対象搭乗期間内でかつ同一区間のみ変更が可能。対象搭乗期間外への変更不可）。

⑩**予約の取り消し**：全区間未使用で可能。マイルの払い戻しは1名＝3,000マイルの手数料。

⑪**特典の有効期限**：対象搭乗期間終了日まで。

［詳細説明：ANA編（2022－23年版：P48〜P51）］

▲今週のトクたびマイルWEB画面
毎週月曜日に発表される少ないマイル数で交換できる国内線特典航空券です。

▲今週のトクたびマイルWEB画面QRコード
このQRコードで直接WEB画面にアクセスできます。

🛫 JAL（どこかにマイル / どこかにマイル（南の島））

①**利用区間**：どこかにマイル：出発地（羽田、伊丹、関西、福岡の4空港）と全国各地（行先は四つの選択先のいずれかから抽選で決定）。

どこかにマイル（南の島）：出発地（那覇、鹿児島の2空港）と南西・沖縄離島路線（行先は三つの選択先のいずれかから抽選で決定）

②**必要交換マイル数**：7,000マイル（1名）。普通席のみ。

③**マイル引き落とし会員**：JMB日本地区会員。

④**旅程＆期間**：往復旅程のみ。出発日を含む最長10日間。

⑤**申し込み方法**：WEB限定。

⑥**申し込み期日**：搭乗希望日の1か月前から5日前の23時59分まで。

⑦**利用人数**：最大4名。

⑧**利用参加資格**：利用者は全員JMB会員であること。

⑨**変更**：不可。

⑩**予約の取り消し**：可能（マイルの払い戻しなし）。

⑪**特典の有効期限**：予約便に限定。

［詳細説明：JAL編（2023－24年版：P53〜P57）］

▲どこかにマイルWEB画面
行先は四つの候補から抽選で決まります。

▲どこかにマイルWEB画面QRコード
このQRコードで直接WEB画面にアクセスできます。

まとめ

●ANAの「トクたびマイル」は直前予約で短期利用

ANAの「トクたびマイル」は片道旅程も可能ですが、発表の翌日から1週間までの旅行にしか使えず、行先が限定されます。そのかわり交換マイル数が通常の特典航空券よりもほとんどが半分以下であるのが魅力で、行先も決めることができ、条件付きですが搭乗便の変更もできます。スケジュール調整に余裕がある方向きの特典航空券です。

●ANAにキュン！「減額マイルキャンペーン」は予約日が1日だけ

ANAの毎月29日に発表されるキャンペーン情報「ANAにキュン！」では不定期で国内線特典航空券減額マイルキャンペーンの路線を発表します。過去の例では搭乗期間は1カ月程度の設定ですが、予約可能日はわずか発表当日の1日間です。この点に注意しましょう。日頃行きたいと思っていた国内各地へほぼ希望の日程で、特典航空券が通常より少ないマイルで行けるチャンスです。

●JALの「どこかにマイル」は行先が抽選次第

JALの「どこかにマイル」と「どこかにマイル（南の島）」の行先は抽選で決まります。一番のメリットは通常の半分以下のマイル数で特典航空券に交換可能です。今まで行ったことがない旅先への個人旅行や家族でのバカンス利用に向いています。

違いを知る（マイルの使い方③）
国際線特典航空券

　JALマイレージバンク（JMB）は2018年12月4日から国際線特典航空券を変動制に変更しました。このことで国際線特典航空券の利用条件はANAマイレージクラブ（AMC）と大きな差異ができました。さらにJALは片道旅程が可能であるに対し、ANAは往復旅程のみであり、各付帯条件は多くの点で異なります。

ANA

●主な基本利用条件

①**旅程**：目的地は必要マイル数の一番高い地点。出発地と最終帰着地が異なる場合は同一国内であること。復路帰着地と往路出発地が異なる場合は同一エリア内であること。往路到着地と復路出発地が異なるゾーンになる場合、必要マイル数は各ゾーンで必要とされるマイル数の2分の1の合算。日本発着旅程以外も可能。乗り換えは往路・復路で国内線2区間まで利用可能。地上移動区間がある場合は、両端の都市を合わせて1回の乗り換えとなります。

②**片道旅程**：不可。

③**2つの旅程の同時申し込み**：不可。

④**途中降機**：日本発は不可。海外発の場合、目的地以外に1か所可能。途中降機は乗り継ぎ回数に含まれます。

⑤**地上移動区間**：両端の都市を合わせて1回の乗り換えと数えます。

⑥**必要マイル数**：ゾーン区分。シーズン制併用。

⑦**予約の開始日**：復路搭乗日の355日前（出発日含まず）午前9時（日

本時間)から。往復同時予約及び発券が条件。

⑧**予約の期限**：第一区間出発の96時間前まで。

⑨**予約の変更**：可能。

⑩**キャンセル待ち**：片道につき1便可能。預かり期限は 第一区間出発の14日前まで。

［**詳細説明：ANA編（2022－23年版：P52～P55）**］

▲ANA国際線特典航空券WEB画面QRコード
このQRコードで直接WEB画面にアクセスできます。

▲ANA国際線特典航空券WEB画面
ANA国際線特典航空券の概要がわかります。

✈ JAL

●**主な基本利用条件**

①**旅程**：1特典で、往路・復路それぞれ国際線1区間、国内線1区間まで利用可能。日本発着旅程限定。

②**片道旅程**：可能。

③**2つの旅程の同時申し込み**：可能。

④**日本国内での途中降機**：不可。

⑤**地上移動区間**：往復旅程においては、旅程全体で1回、地上移動区間の設定が可能。滞在時間にかかわらず両端の都市を合わせて目的地とみなされ、設定によっては1特典では利用できない旅程があります。

⑥**必要マイル数**：ゾーン区分。申し込み時点での希望日程や便により変動。ファーストクラスのみ2023年10月1日発券分より搭乗日の

シーズナリティ(季節性)によってもマイル数が異なります。

⑦**予約の開始日**:往路搭乗日前日の360日前の午前10:00(日本時間)。

⑧**予約の期限**:第一区間の出発の48時間前(電話:24時間前)。

⑨**予約の変更**:不可(手数料を払いマイル口座に戻し入れし、新たな予約を申し込む)。

⑩**キャンセル待ち**:ファーストクラスのみ可能。

[詳細説明:JAL編(2023 - 24年版:P58〜 P62)]

▲ JAL国際線特典航空券WEB画面
JAL国際線特典航空券の概要がわかります。

▲JAL国際線特典航空券WEB画面QRコード
このQRコードで直接WEB画面にアクセスできます。

JAL日本発国際線ファーストクラス
特典航空券最低必要マイル数(片道)(2023年10月1日〜)

目的地	Lシーズン	Rシーズン	Hシーズン	目的地	Lシーズン	Rシーズン	Hシーズン
ホノルル	100,000	120,000	140,000	バンコク(東京/特定便)			
ロサンゼルス	140,000	170,000	200,000	バンコク(東京)			
ニューヨーク				バンコク(関西)			
ロンドン(特定便)	160,000	190,000	220,000	シンガポール	100,000	115,000	130,000
ロンドン				デリー			
パリ				シドニー			
フランクフルト				メルボルン			
ヘルシンキ							
ソウル	60,000	70,000	80,000				
台北	72,000	86,000	100,000				
台北(関西)							
台北(名古屋)							
北京							

日本発国際線特典航空券最低必要マイル数（往復）比較

単位：マイル

出発地	エコノミークラス ANA LS	RS	HS	JAL	プレミアムエコノミー ANA LS	RS	HS	JAL
ホノルル	35,000	40,000	43,000	40,000	53,000	58,000	61,000	60,000
ロサンゼルス	40,000	50,000	55,000	50,000	62,000	72,000	77,000	65,000
ニューヨーク				50,000				
ロンドン（特定便）				52,000				
ロンドン	45,000	55,000	60,000	45,000	67,000	77,000	82,000	70,000
パリ				52,000				
フランクフルト				46,000				
ヘルシンキ	-	-	-	47,000	-	-	-	
ソウル	12,000	15,000	18,000	15,000	-	-	-	-
台北				20,000				-
台北（関西）	17,000	20,000	23,000	18,000	30,000	33,000	36,000	
台北（名古屋）				15,000				
北京				20,000				-
バンコク（東京/特定便）				35,000				
バンコク（東京）				27,000				
バンコク（関西）	30,000	35,000	38,000	25,000	46,000	51,000	54,000	50,000
シンガポール				24,000				
デリー				35,000				
シドニー	37,000	45,000	50,000	36,000	54,000	62,000	67,000	50,000
メルボルン	-	-	-	40,000	-	-		

出発地	ビジネスクラス ANA LS	RS	HS	JAL	ファーストクラス ANA LS	RS	HS	JAL
ホノルル	60,000	65,000	68,000	80,000	120,000	120,000	129,000	100,000
ロサンゼルス	75,000	85,000	90,000	100,000	150,000	150,000	165,000	140,000
ニューヨーク								
ロンドン（特定便）								
ロンドン	80,000	90,000	95,000	110,000	165,000	165,000	180,000	160,000
パリ								
フランクフルト								
ヘルシンキ	-	-	-		-	-	-	
ソウル	25,000	30,000	33,000	36,000	-	-	-	60,000
台北								
台北（関西）	35,000	40,000	43,000	48,000	-	-	-	72,000
台北（名古屋）								
北京								
バンコク（東京/特定便）								
バンコク（東京）								
バンコク（関西）	55,000	60,000	63,000	80,000	105,000	105,000	114,000	100,000
シンガポール								
デリー								
シドニー	65,000	75,000	80,000	80,000	-	-	-	100,000
メルボルン	-	-	-		-	-	-	

※JALファーストクラスは2023年10月1日以降はP90参照

海外発国際線特典交換必要マイル数比較

単位：マイル

出発地	目的地	エコノミークラス				プレミアムエコノミー			
		ANA			(参考)	ANA			(参考)
		LS	RS	HS	JAL2特典	LS	RS	HS	JAL2特典
ホノルル	ソウル	40,000	50,000	55,000	55,000	60,000	70,000	75,000	-
	北京				60,000				
	シンガポール	45,000	55,000	60,000	64,000	75,000	85,000	90,000	110,000
	デリー				75,000				
ニューヨーク	ソウル	45,000	55,000	60,000	65,000	66,000	76,000	81,000	-
	北京				70,000				
	シンガポール	55,000	65,000	70,000	74,000	84,000	94,000	99,000	125,000
	デリー				85,000				
ホノルル	ソウル	45,000	55,000	60,000	65,000	66,000	76,000	81,000	-
	北京				70,000				
	シンガポール	55,000	65,000	70,000	74,000	84,000	94,000	99,000	125,000
	デリー				85,000				

出発地	目的地	ビジネスクラス				ファーストクラス			
		ANA			(参考)	ANA			(参考)
		LS	RS	HS	JAL2特典	LS	RS	HS	JAL2特典
ホノルル	ソウル	70,000	80,000	85,000	116,000	150,000	150,000	165,000	-
	北京				128,000				172,000
	シンガポール	90,000	100,000	105,000	160,000	180,000	180,000	195,000	200,000
	デリー								
ニューヨーク	ソウル	80,000	90,000	95,000	136,000	165,000	165,000	180,000	-
	北京				148,000				212,000
	シンガポール	100,000	110,000	115,000	180,000	195,000	195,000	210,000	240,000
	デリー								
ホノルル	ソウル	80,000	90,000	95,000	136,000	165,000	165,000	180,000	-
	北京				148,000				212,000
	シンガポール	100,000	110,000	115,000	180,000	195,000	195,000	210,000	240,000
	デリー								

まとめ

●利用可能な旅程の差異

　ANAは往復旅程に限定されますが、海外発着区間（方面の制限設定あり）でも利用可能です。一方JALは往復旅程に加え片道旅程や二つの片道旅程を1特典とすることが可能ですが、日本発着区間が基本です。

●シーズン区分の設定

　ANAには各ゾーン別にシーズン区分があり、交換マイル数がシーズン別に異なります。JALには2023年10月1日以後発券のファーストクラスにシーズン区分ができますが、それ以外はありません。

●交換必要マイル数の変動制と固定制の違い

　ANAの国際線特典航空券の交換マイル数は固定制です。これに対しJALの国際線特典航空券の予約に必要マイル数が申し込み時期の利用状況とよって変わる変動制です。ANAでは申し込み時点で一般席に空席があっても特典航空券の予約が取れないことがありますが、JALはファーストクラス以外はマイル変動制のため必要マイル数が多くなりますが予約がとれる可能性が高くなります。

●予約変更の可否

　ANAの国際線特典航空券は無料で変更可能ですが、希望便に特典航空券席の空きがある場合に限定されます。JALの国際線特典航空券は変更できません。手数料3,100円でマイル口座へ払い戻し、再度新しい特典航空券を申し込む方法です。

●キャンセル待ちの可否

　国際線特典航空券ではANAは片道一便が可能ですが、JALではファーストクラスに限定されます。

●利用区間数の差異

　JALは片道で国内線1区間しか利用できませんが、ANAでは往路・復路とも国内線で各2区間利用可能です。

違いを知る（マイルの使い方④）
提携航空会社特典航空券

　ANAマイレージクラブ（AMC）とJALマイレージバンク（JMB）の特典航空券では、提携航空会社を利用する特典航空券の機能が異なります。AMCではANAを含め複数の航空会社を利用した特典航空券も提携航空会社特典航空券としていますが、スターアライアンス以外のマイレージ提携航空会社ではその1社のみの路線に限定され、各種の利用条件も大きく異なります。

　一方JMBでは提携航空会社特典航空券とは、提携航空会社1社のみ利用した特典航空券で、1枚の特典航空券で複数の航空会社便を利用する特典航空券はワンワールド特典航空券と別に設定されています。主な違いではAMCは往復旅程のみで、マイル交換数はゾーン区分制ですが、JMBは片道旅程も可能で、交換マイル数は利用する旅程のマイル数の交換区分です。

▲LOTポーランド航空機（2012年9月ワルシャワ空港にて）
LOTはスターアライアンス加盟の航空会社です。

▲ジェットスター・ジャパン機（2018年10月那覇空港にて）
ジェットスター・ジャパンはLCCですがJMBの提携会社特典航空券で利用できます。

ANA

①利用航空会社：(A)スターアライアンアス加盟の場合は複数航空会社の路線利用可、(B)スターアライアンアス加盟以外のマイレージ提携航空会社の場合は1社のみ。

②旅程：往復のみ（片道不可）。

③日本国内発着地：(A)全ANA便就航地、(B)提携航空会社就航空港。

④交換マイル数区分：ゾーン区分。

⑤区間数：最大8区間（乗継が往路・復路各2回（国内・海外別）まで）。

⑥途中降機回数：1回（目的地以外に往路か復路のいずれか）。

⑦必要マイル数：15,000マイル〜。

⑧予約の変更：可能。

[詳細説明：ANA編（2022−23年版：P56〜P59）]

▲ANA提携航空会社特典航空券WEB画面
スターアライアンス加盟航空会社は2社（ANA含む）以上の路線で利用できます。

▲ANA提携航空会社特典航空券WEB画面
QRコード
このQRコードで直接WEB画面にアクセスできます。

JAL

●**提携航空会社特典航空券**

①**利用航空会社**:提携航空会社(ワンワールド加盟含む)1社のみ。

②**旅程**:片道または往復。

③**日本国内発着地**:提携航空会社の日本就航空港のみ

④**交換マイル数区分**:旅程の距離(マイル)数区分。

⑤**区間数**:最大6区間(大韓航空など一部航空会社は別規定)。

⑥**途中降機回数**:最大3回(1都市につき1回まで)。

⑦**必要マイル数**:12,000マイル〜。

⑧**予約の変更**:可能。

●**ワンワールド特典航空券**

①**利用航空会社**:提携航空会社(ワンワード加盟のみ)2社以上利用。

②**旅程**:片道または往復。

③**日本国内発着地**:JALグループ便就航地。

④**交換マイル数区分**:旅程の距離(マイル)数区分。

⑤**区間数**:最大8区間(1都市3回まで。全旅程で日本国内は最大2区間(JAL、JTA便のみ))。

⑥**途中降機回数**:最大7回(1都市1回、日本発着は日本国内不可)。

⑦**必要マイル数**:25,000マイル〜。

⑧**予約の変更**:可能。

[詳細説明:JAL編(2023 − 24年版:P62〜 P66)]

▲JMB提携航空会社特典航空券WEB画面
JMBでの提携航空会社特典航空券は1社だけの路線での利用です。

▲JMB提携航空会社特典航空券WEB画面
QRコード
このQRコードで直接WEB画面にアクセスできます。

まとめ

●利用航空会社可能な旅程が大きく異なる

　JALは片道と往復の旅程が可能ですが、ANAは往復旅程だけになります。

●ゾーン制（ANA）と距離区分制（JAL）で必要マイル数が異なる

　JALでは国内区間のマイル数が加算されますが、ANAの国内区間は発着地にかかわらず同一ゾーン内で追加加算はありません。

●途中降機の規定で周遊旅程にはJALが有利

　ANAでは途中降機が往復旅程で1回ですが、JALの提携航空会社特典航空券は片道でも最大3回、ワンワールド特典航空券では最大7回可能です。

違いを知る（マイルの使い方⑤）
世界一周特典航空券

　ANAマイレージクラブ（AMC）の特典航空券にはスターアライアンス特典航空券に世界一周旅程の特典航空券の設定があります。これに対しJALマイレージバンク（JMB）には世界一周特典航空券の設定はありませんが、ワンワールド特典航空券も世界一周旅程で利用できます。またJMBの特典航空券はすべて片道旅程で利用可能なので、複数の特典航空券を組み合わせて、より自由度の高い世界一周旅程を複数の特典航空券で組むことができます。

ANA

●主な基本利用条件

①**旅程**：西回り、東回りで太平洋および大西洋を各1回横断する。日程で出発国に戻る最後の国際線搭乗が最初の国際線搭乗の10日目以降の制約付。

②**交換マイル数区分**：旅程の距離（マイル）数区分。

③**区間数**：最大12区間に地上移動区間を最大4区間（総距離に含まれない）まで加えることが可能。

④**途中降機回数**：8回（内欧州域内は3回、日本国内4回まで）。

⑤**必要マイル数**：38,000マイル〜。

⑥**予約の変更**：可能（ANAのWEBでは航空券が未使用かつ第1区間の96時間前まで。電話等でも可能）。

⑦**予約申し込み**：電話のみ。（発行手数料が必要）。

［詳細説明：ANA編（2022－23年版：P60〜P66）」

▲スターアライアンス世界一周特典航空券
WEB画面QRコード
このQRコードで直接WEB画面にアクセスできます。

▲スターアライアンス世界一周特典航空券WEB画面
区間数最大の夢の特典航空券です。

✈ JAL

●主な基本利用条件

①**旅程**：ワンワールド特典航空券だけでも最低日数の制限なしに世界一周は可能。JAL国際線特典航空券および提携航空会社特典航空券を組み合わせても世界一周旅程で利用可能。さらにポイント交換を使うとZIPAIR等LCCも旅程に加えることも可能。

②**交換マイル数区分**：ワンワールド特典航空券と提携航空会社特典航空券：旅程の距離（マイル）数区分。

③**区間数**：ワンワールド特典航空券：最大8区間まで。これに加え地上移動区間（総旅程に含まれない）は1区間のみ可。

④**途中降機回数**：ワンワールド特典航空券：最大7回（1都市1回、日本発着旅程では日本国内は不可）。

⑤**必要マイル数**：25,000マイル〜。

⑥**予約の変更**：ワンワールド特典航空券は可能（電話とネットで条件が異なります）。

⑦**予約申し込み**：インターネットだけで可能。

［詳細説明：JAL編（2023－24年版：P58〜P71）］

▲ワンワールド特典航空券WEB画面
この特典航空券では世界一周の旅程も可能です。

▲ワンワールド特典航空券WEB画面QRコード
このQRコードで直接WEB画面にアクセスできます。

まとめ

●可能な旅程（区間数、最低日数、地上移動区間等）が大きく異なる

JALは片道旅程が可能なワンワールド特典航空券を複数利用し自由な世界一周旅程を組めますが、ANAでは区間数、最低日数等制約があります。

●申し込み方法も異なる

JALはワンワールド特典航空券の世界一周旅程をWEBのみで申し込みできますが、ANAのスターアライアンス世界一周特典航空券は電話のみの申し込みのみで発券手数料がかかります。

●利用できない就航地

ANAはスターアライアンス加盟航空会社が、JALはワンワールド加盟航空会社が就航していない都市には1枚の世界一周旅程の特典航空券だけで行くことはできません。代表例：イースター島。

違いを知る（マイルの使い方⑥）
アップグレード特典

　アップグレードとは航空機利用時に搭乗前に持っている航空券の搭乗クラスよりもワンランク上のクラスに搭乗できるようになることです。有償のサービスとして利用できる場合もあればお客様サービスとして無償で提供される場合もあります。無償のアップグレートはインボランタリーアップグレード（involuntary upgrade）といい、通称は「インボラ」で通っているサービスです。よくあるケースではキャンセルを見越して予約数を座席数以上に入れた場合（オーバーブッキング）等に、エコノミークラスからビジネスクラスへ無償で変更してくれることや、マイレージでのアップグレード特典ができる以前は航空会社の独自の基準で上得意のお客様向けのサービスとして実施されていました。マイレージにアップグレード特典ができてからは、この特典を利用することで誰でもアップグレード枠がある場合は、マイルを利用することでアップグレードができることになりました。

ANA

●**主な基本利用条件**

①**対象便**：自社国際線路線便とユナイテッド航空便（マイルとアップグレードポイントの両方利用可能、自社国内線路線（アップグレードポイントのみ）、スターアライアンス加盟航空会社便（マイルのみ）。

②**対象航空券**：対象の予約クラス（各社別）に限定。特典航空券は不可。

③**旅程**：1区間ごとに1特典の利用。

④**アップグレード区分**：エコノミークラス⇒プレミアムエコノミー、エコノミークラスまたはプレミアムエコノミー⇒ビジネスクラス、ビジネスクラス⇒ファーストクラスの3区分。

⑤**必要マイル数**：区間ごとに各アップグレード区分別に設定。アップグレードポイントも区間別に必要数が異なります。

⑥**特典の取消**：手数料不要でマイル口座へマイルを戻すことが可能。

⑦**予約申し込み期限**：出発の24時間前まで。

⑧**キャンセル待ち**：国際線＆海外路線はANAとユナイテッドのみ出発当日まで可能。

⑨**当日申し込み**：ANA便（国内線、国際線）で上位クラスに空席がある場合に限り、当日空港でアップグレードポイントを利用したアップグレードが可能。

[詳細説明：ANA編（2022－23年版：P62～P65）]

▲スターアライアンスアップグレード特典WEB画面
ANAでは自社以外の航空会社でもアップグレード特典が利用できます。

▲スターアライアンスアップグレード特典WEB画面QRコード
このQRコードで直接WEB画面にアクセスできます。

✈ JAL

●主な基本利用条件

①**対象便**：自社国際線路線便。

②**対象航空券**：購入済で対象の予約クラスに限定。JAL国際線特典航空券も当日空港で上位クラスに空席がある場合に限り利用可。

③**旅程**：片道1区間ごと。

④**アップグレード区分**：エコノミークラス⇒プレミアムエコノミー、エコノミークラスまたはプレミアムエコノミー⇒ビジネスクラス、ビジネスクラス⇒ファーストクラスの3区分。

⑤**必要マイル数**：区間ごとに各アップグレード区分別に設定。

⑥**特典の取消**：手数料不要でマイル口座へマイルを戻すことが可能。

⑦**予約申し込み期限**：出発の25時間前まで。

⑧**キャンセル待ち**：出発便の24時間前まで可能。

⑨**当日申し込み**：当日空港で上位クラスに空席がある場合に限り可能。

［詳細説明：JAL編（2023－24年版：P82〜P84）］

▲JAL国際線アップグレード特典WEB画面
JALなら当日空港で空席があれば特典航空券でも利用できます。

▲JAL国際線アップグレード特典WEB画面QRコード
このQRコードで直接WEB画面にアクセスできます。

アップグレード特典必要マイル数比較（1区間片道）

数値：マイル

| 区間 | ANA | | | | |
| | ANA国際線 | | | スターアライアンス | |
	E⇒PE	E⇒B	B⇒F	E⇒B	B⇒F
東京⇔ニューヨーク	20,000	28,000	45,000	34,000	50,000
東京⇔ロサンゼルス	20,000	25,000	40,000	32,000	50,000
東京⇔ホノルル	15,000	20,000	35,000	26,000	45,000
東京⇔ロンドン	20,000	28,000	45,000	34,000	50,000
東京⇔バンコク	15,000	18,000	30,000	22,000	35,000
東京⇔ソウル	9,000	12,000	20,000	12,000	20,000
東京⇔シドニー	20,000	25,000	40,000	30,000	50,000
大阪⇔ソウル	9,000	12,000	20,000	12,000	20,000
大阪⇔バンコク	15,000	18,000	30,000	22,000	35,000

| 区間 | JAL | | |
| | JAL国際線 | | |
	E⇒PE	E⇒B	B⇒F
東京⇔ニューヨーク	20,000	30,000	45,000
東京⇔ロサンゼルス	20,000	30,000	45,000
東京⇔ホノルル	15,000	25,000	30,000
東京⇔ロンドン	20,000	33,000	48,000
東京⇔バンコク	15,000	20,000	35,000
東京⇔ソウル	9,000	12,000	-
東京⇔シドニー	15,000	25,000	38,000
大阪⇔ソウル	9,000	12,000	-
大阪⇔バンコク	15,000	20,000	35,000

凡例：E（エコノミークラス）、PE（プレミアムエコノミー）、B（ビジネスクラス）、F（ファーストクラス）

まとめ

● ANAではアップグレードポイントが利用可

ANAの上位会員（プレミアムメンバーズ）の特典であるアップグレードポイントを使い国内線のプレミアムシートへもアップグレード可能。また国際線では出発当日空席があってもマイル利用のアップグレード特典は利用できませんが、ステイタス会員のアップグレードポイント利用なら可能です。

● JALは自社国際線限定に対しANAはスターアライアンス便も可能

JALのアップグレード特典は自社グループ便の国際線でしか利用できませんが、ANAでのアップグレード特典はスターアライアンス便でも利用可能です。

● JALは特典航空券でも当日空港でアップグレード特典を利用可能

ANAではアップグレード特典は特典航空券では利用できませんが、JALではアップグレード対象運賃と同じく当日空港で空席があれば、特典航空券でもアップグレード特典を利用可能です。

違いを知る（マイルの使い方⑦）
系列LCCでのマイル利用

　ANAとJALには系列のLCC（Low Cost Carrier：格安航空会社）があり、マイレージでのマイルを使う提携サービス（ポイント交換や特典航空券）があります。

ANA

ピーチポイント：交換は500マイルから（1,000マイル、5,000マイル、1万マイルと四つの単位）。交換率は交換単位にかかわらず1マイル＝0.9円相当でPeachの航空券や手荷物、座席指定などのオプション料金と、それらに付随する税金や手数料の支払いに利用できるポイントです。

[詳細説明：ANA編（2022－23年版：P70～P72）]

▲ピーチポイント特典WEB画面
Peachもマイルをポイントに交換して利用できます。

▲ピーチポイント特典WEB画面QRコード
このQRコードで直接WEB画面にアクセスできます。

JAL

①**ジェットスター・ジャパン特典航空券**：利用区間（国内路線、国際路線）、片道旅程可能。必要マイル数（4,500マイルから）。

②**ZIPAIRポイント**：ZIPAIRポイントClubに入会し、JMBと連携し

てJALマイルと交換しZIPAIRの航空券等の各種支払いに使えます。3,000マイルから交換可能ですが、1万マイル単位と交換率が異なります。

③**ジェットスター（Club Jetstar入会バウチャー）**：2,500マイルでClub Jetstar年会費（入会時／更新時）に使えるバウチャーと交換。

④**ジェットスター・ジャパン（フライトバウチャー）**：ジェットスター・ジャパンの支払いに使えるバウチャーに1,000マイル単位と1万マイル単位で交換できます。交換単位で交換率が異なります。

⑤**スプリング・ジャパン（フライトクーポン）**：3,500マイル、7,000マイル、1万マイル単位でスプリング・ジャパン（国内線・国際線）の運賃、手荷物や座席指定などの支払いに使えるフライトクーポン（1予約1枚利用）に交換できます。1万マイル単位交換はほかの二つクーポンと交換率が異なります。

［詳細説明：JAL編（2023－24年版：P72〜P73、P78〜P81）］

▲ジェットスター・ジャパン(GK)特典航空券　WEB画面
JMBではLCCが特典航空券が利用できます。

▲ジェットスター・ジャパン(GK)特典航空券　WEB画面QRコード
このQRコードで直接WEB画面にアクセスできます。

まとめ

●**マイルのLCCポイント利用は条件次第**

　交換率もさることながら、決済手数料などかかる点も考慮すると、LCCのマイル交換特典の有利な使い方は、運賃や利用期間など条件次第です。

違いを知る（マイルの使い方⑧）
ツアーでマイルを使う

　ANAとJALのツアー（旅行商品）にもマイルが利用可能です。その場合、マイルとの直接交換ではなくマイレージ交換特典である電子ポイント特典（「ANA SKYコイン」（ANA）、「eJALポイント」（JAL））か、JALでは「JALクーポン」に交換して使います。

ANA

①ANA SKYコインは特定のマイレージ会員は交換率が優遇:「ANA SKYコイン」は会員区分と1回の交換数によって（）内の交換倍率の優遇があります。ステイタス保持者のプレミアムメンバー（最大1.7倍）、SFC・ANAカードプレミアムとANAカードゴールド各会員（最大1.6倍）、ANAカード会員（一般・ワイド）とAMCモバイルプラス会員（最大1.5倍）。なお普通会員は最大1.2倍です。交換率は1回の交換マイル数によって異なります。

②ANA SKYコインは提携ポイントとの直接交換やANAの保険などでも獲得可能:「ANA SKYコイン」はANAマイルに直接交換できない提携ポイント（ベネポ等）も交換できるメニューがあります。また「ANAの保険」ではマイルではなく「ANA SKYコイン」が獲得できます。

③ANA SKYコイン利用でもマイル再加算あり:「ANA SKYコイン」で利用した航空券やツアーでのフライトがマイル積算対象の予約クラス支払いならマイルが再加算されます。

［詳細説明：ANA編（2022－23年版：P68～P69）］

▲ ANA SKY コインの使いみち WEB 画面 QR
コード
このQRコードで直接 WEB 画面にアクセスできま
す。

▲ANA SKY コインの使いみちWEB画面
ツアーにマイルを使う方法がわかります。

JAL

①**JAL のツアーは「eJAL ポイント」以外に「JAL クーポン」でも
利用可**：JALのツアーは支払いにはJALマイルから交換した「eJAL
ポイント」以外に「JALクーポン」が利用できます。「JALクーポン」
ではクーポンレス決済で海外ツアーのみ利用でき、国内と海外両
方のダイナミックパッケージは使えません。

②**オプションを加えたツアー代金や一部代金の支払いにも可能**：
宿泊だけ、レンタカーだけという単体の支払いでは使えない「eJAL
ポイント」も、ツアーのオプションに加えると利用できます。また
ツアー代金の一部だけの支払いには「eJALポイント」以外に「JAL
クーポン」も利用できます。

③**「eJAL ポイント」と「JAL クーポン」利用でもマイル再加算あり**：
「eJALポイント」と「JALクーポン」で利用した航空券、ツアー、ホ
テル等でマイル積算対象の支払いならマイルが再加算されます。
「JALクーポン」でのホテルのレストランマイルは対象外です。

④**直接マイルで申し込める「マイルツアー」**
2023年になってJAL国内ツアーの企画商品としてマイルで申し込
める［マイルツアー］が登場しています。「eJALポイント」や「JAL
クーポン」に交換する手間がない点が便利ですが、募集型のツアー

商品で申し込み期間、実施時期、行先、選択できるホテルが限定されます。

[詳細説明：JAL編（2023－24年版：P82〜P84)]

▲マイルツアーWEB画面
直接マイルで申し込めるツアーができました。

▲マイルをつかう（JMBホームページ）
このQRコードで直接WEB画面にアクセスできます。

まとめ

●「ANA SKYコイン」と「eJALポイント」利用でのマイル再加算

　「ANA SKYコイン」と「eJALポイント」を利用したツアーでは所定のフライトマイルが再加算されます。

●ツアーに使う交換特典の有効期限

　ツアーに利用できる「ANA SKYコイン」「eJALポイント」「JALクーポン」には有効期限があります。マイルの有効期限直前に交換すると、実質的にその分（約1年）マイルを長く使えます。

●「ANA SKYコイン」と「eJALポイント」は合算利用不可

　「ANA SKYコイン」と「eJALポイント」は他の会員との合算利用はできません。「JALクーポン」は特典利用者対象の家族が自分のマイル口座から交換した「JALクーポン」と一緒に利用可能です。

違いを知る（マイルの使い方⑨）
電子ポイント特典

　AMCとJMBにはマイルをWEB上で交換して、ネットやカードを通じて様々な支払いや決済に利用できる電子ポイント特典があります。2023年になってANAは以前からあった「ANA Pay」の仕様を大改造し、またJALでは「JAL Pay」を新たに加えるなどの大きな変化がありました。ここではマイルからネット交換し各種の支払いに使える電子ポイント特典全般を比較検討します。

ANA

①ANA SKYコイン特典：ANAグループの航空券やツアーの購入に1コインが1円相当で使える交換特典。交換は1マイルから可能ですが、1万マイル以上の交換では交換単位では会員の条件等で交換率が（1.3倍〜1.7倍）異なります。また利用できる単位は10円単位で、燃油サーチャージなどの諸費用の支払いには使用できない等の制約条件があります。

②ANA Pay特典：交換は1マイルから可能ですが、本人確認の実施に加え、区別ごとに1回及び1日と月間の上限があります。2023年11月までは二つのシステムが併用となりますが、2023年11月から新サービスに移行予定です。

③ポイント特典：ほとんどが1万マイル単位で交換し、他のポイントへ交換できる特典。3万マイル以上は交換率が半減するものが多くあります。代表例：楽天Edy、楽天ポイント等。

④交通系ポイント・ICマネーのポイント交換：交通系ICマネーや

そのチャージに利用できる鉄道会社のポイント特典です。ほとんどが鉄道会社とのAMC提携カード会員か提携ANAカード会員に利用が限定されます。

(注意)③、④は<u>ANA マイルのグループ3（用途・期間限定）とグループ4（航空関連サービス・期間限定）のマイルは利用できません。</u>

［詳細説明：ANA編（2022−23年版：P15〜P17、P68〜P72）］

▲ANAPay特典WEB画面
1マイルから利用できる交換特典です。

▲ANAPay特典WEB画面QRコード
このQRコードで直接WEB画面にアクセスできます。

✈ JAL

①e JAL ポイント特典：JALグループの航空券やツアーの購入に1ポイントが1円相当で使えるポイント特典。交換は1,000マイル（1,000ポイント＝1,000円相当）から可能ですが、1万マイル単位（15,000ポイント＝15,000円相当）と交換率が異なります。また利用できる単位は国内線（10円単位）と国際線（1円単位）では異なります。特典航空券の燃油サーチャージなどの諸費用の支払いには使用できない等の制約事項があります。

②JAL Global WALLETチャージ特典（JAL Pay含む）：世界中（日本国内含む）のMastercard加盟店で支払いに1ポイント1円相当で使えるJGWポイントの交換特典です。15歳以上の日本地区JMB会員が入会できる「JAL Global WALLETカード」を利用します。

交換は3,000マイルから可能ですが、交換単位（1万マイル）と付帯条件等（NEO BANK口座所有の有無）で交換率が異なります。「JAL Pay」は「JAL Global WALLETアプリ」で利用できるスマホ決済サービスです。「JAL Pay」はJGWポイントと利用できる店舗が異なります。200円につき1マイルが貯まります。

③**電子マネー特典（WAON）**：JALマイルからWAONへの交換にはJMB WAON提携カードかJMB WAONモバイルアプリが必要で、これ以外のWAONカードへは交換できません。交換単位は通常1万マイル単位（1万WAON）ですが、キャンペーン期間中（2024年3月末日まで）は3,000マイルから交換でき、交換単位で交換率が変わります。1回で最大交換できる4万マイル単位の交換が、交換率で最も有利（1マイル＝1.25円相当）です。

④**ポイント特典**：3,000マイルから1万マイル単位で交換し他のポイントへ交換できる特典。年間での交換上限設定があるものや3万マイル以上は交換率が半減するものがあります。代表例：楽天ポイント等。

⑤**交通系ポイント・ICマネーへの交換**：交通系ICマネーやそのチャージに利用できる鉄道会社のポイント特典です。ほんんどが鉄道会社とのJMB提携カード会員か提携JALカード会員に利用が限定されます。年間の上限設定のあるものがあります。代表例：Suica特典、JRキューポ特典等。

[詳細説明：JAL編（2023 – 24年版：P96〜 P103）]

▲電子マネー特典 WAON WEB 画面
交換率が最大1マイル＝1.25円という高率で交換でき
ます。

▲電子マネー特典 WAON WEB 画面 QR コード
この QR コードで直接 WEB 画面にアクセスできま
す。

まとめ

● ANA マイルは最小の1マイル単位で交換可能な特典

　マイルを細大漏らさず使い切る1マイル単位で交換できる特典は、AMCの「ANA SKY コイン」と「ANA Pay」です。

●用途が自由な電子マネー特典はJALのWAON特典が高率交換

　用途が自由な電子マネー（WAON、楽天 Edy、Suica 等）の交換では、JMB の WAON 特典の4万マイル単位での交換が交換率で一番有利な条件（1マイル＝1.25円相当）です。

●ステイタス会員が交換率での優遇あるのは ANA SKY コイン

　ANA マイルから ANA SKY コインへの交換では、AMC のプレミアムメンバーのステイタス会員は交換率で最大1.7倍の優遇レートがあります。

違いを知る（マイルの使い方⑩）
旅行関連の交換特典

　AMCでもJMBでも旅行関連の交換特典が多種用意されています。AMCでは2022年7月から各種クーポンはすべてデジタル化されました。JMBには紙製クーポン特典とクーポンレス決済サービス、ポイント交換タイプがあります。ここでは旅行関連の特典（宿泊、レンタカー、その他旅行関連、に使える交換特典の違いを点検してみます。

✈ ANA

①ANAバラエティークーポン：ANAマイルと交換できるデジタルタイプのクーポン特典で宿泊施設やアクティビティに利用できます。交換できるANAマイルがグループ１とグループ２に限定されます。交換単位は1万マイルから10万マイルの11種のクーポンがあり、有効期限（1年間）があります。

②ANAデジタルクーポン：ANAマイルと交換できるデジタルタイプのクーポン特典で宿泊施設や空港売店、レンタカー等に利用できます。交換可能なマイルがグループ１とグループ２に限定されます。交換単位は1万マイル（1,000円分×10枚）から1万マイル単位で最大1回５万マイル（1,000円分×50枚）への交換となります。有効期間は申し込み月より12か月目の末日となります。

③ANAワールドホテル：日本を含む世界各地の宿泊施設がANAマイル（1マイルから）で利用できます。一部料金をカード払いでの併用可能です。

④ **ANAワールドレンタカー**：日本以外の世界各地でANAマイルを使ってレンタカーを利用できます。一部料金をカード払いでの併用可能です。

⑤ **ANAトラベラーズホテル**：日本各地の宿泊施設がANAマイル（1マイルから）を使って利用できます。一部料金をカード払いでの併用可能です。

⑥ **ANAトラベラーズアクティビティー**：日本を含む世界の人気観光地でのオプションツアー、体験メニュー、地上移動にマイルを使う（費用は1円＝1マイルで全額マイル交換）ことができます。

⑦ **ANA国際線超過手荷物料金支払い**：ANA運航便かつANA便名で予約のみ対象。マイルと現金（クレジットカード）を併用した支払いはできません。

［詳細説明：ANA編（2022－23年版：P15～P17、P70～P72、P76～P79）］

▲マイルを使うホテルWEB画面
1マイル単位（1円）でホテル予約に利用できる交換特典です。

▲マイルを使うホテルWEB画面QRコード
このQRコードで直接WEB画面にアクセスできます。

JAL

① **JALクーポン**：1万マイル（2,000円相当のクーポン6枚、12,000円相当）から1万マイル単位で交換でき、JAL及び関連企業での支払いに使

える金券タイプのクーポン特典。実際の紙製クーポンを使わない
クーポンレス決済サービスもあります。航空券やツアー、宿泊、空
港売店、機内販売など旅行関連の支払いに多目的に利用できます。
有効期限（1年間）があります。

②**JMBワールドマーケットプレイス**：日本国内を含む世界各地の
宿泊施設、レンタカーをこのWEBサイトでネット予約しJALマ
イルで利用できます。全額をマイル交換し、不足マイルを他の追
加支払いで利用はできません。

③**旅行で使えるパートナー特典**：紙製クーポンタイプとポイント
交換タイプのパートナー特典（交換単位：3,000マイル～）には、旅
行で使えるタイプのもの（例：JALエービーシー特典等）があります。

④**国際線超過手荷物料金支払い**：JMB会員本人がJAL運航便かつ
JAL便名で予約搭乗される場合に、マイルで国際線超過手荷物料
金の支払いができます。マイルと現金（クレジットカード）を併用
しての支払いはできません。

［詳細説明：JAL編（2023－24年版：P82～P84）］

▲JALクーポン
1万マイル＝2,000円×6枚のクーポンに交換できます。

▲JALクーポンWEB画面QRコード
このQRコードで直接WEB画面にアクセスできます。

まとめ

●家族会員が個別に交換したJALクーポンの同時使用は結果的にマイル合算利用

　JALクーポンを家族で一緒に個々に交換し同時利用すると、結果的にマイルを合算して利用できることになります。またマイルの期限直前に交換すると、クーポンの有効期限（1年間）だけ、マイルを延命できる効果があります。

●ANAネット予約（宿泊と海外レンタカー）では1マイル単位で利用可

　1マイル単位で使えるANAワールドホテル、ANAトラベラーズホテル、ANAワールドレンタカーは、マイルを細大漏らさずに使うことができます。

▲ANA FESTA（羽田空港 BI ロビー店）（2023年7月）
ANAデジタルクーポンが使える空港売店です。顔承認スタンプラリー実施店です。

▲ホテル・ニッコー・パリ ベノア ビーチ（2023年1月）
JALクーポンを使いました。

違いを知る（マイルの使い方⑪）
その他の交換特典

　AMCやJMBにはそれぞれに独自の交換特典があります。本項では今まで検討してきたマイルの使い方に含まれない各種の交換特典を「その他の交換特典」として両者の違いを点検してみます。

ANA

①**ANA Mall**：ANAマイルが1マイル＝1円で使えるANAのネットショッピングを統括した総合モール。送り先は自由。2023年1月スタート。

②**ANAショッピング A-style**：ANAマイルが1マイル＝1円で使えるANAのネットショッピングサイト。送り先を自由に選べます。

③**ANAセレクション特典**：ANA厳選のオススメ商品と交換できる特典。5,000マイルから。会員本人以外が利用するには「特典利用者登録」が必要。

④**ANAトラベラーズアクテビティー**：日本各地や世界の観光地でオプションツアーがマイルで利用できます。またグルメ商品の宅配サービスがマイルを使って利用できます。1マイル＝1円で使えます。

⑤**ANA FESTAクーポン（eギフトカード）**：1,000マイルで1,000円分の「ANA FESTAクーポン（eギフトカード）」へ交換できます。全国のANA FESTAのギフトショップとフードショップで利用できます。

⑥**ANAマイレージモールの割引クーポン**：ANAマイレージモー

ルのパートナーショップで利用できる割引クーポン。1回のお買いものにつきクーポン1枚(1,000マイル分)のみ利用可能。配送先は日本国内限定。

⑦**マネープラン個別相談クーポン**：100マイルで相談窓口(札幌・東京・大阪・福岡)においてファイナンシャルプランナーもしくは税理士にお金に関する個別相談(90分間)を行うことができるクーポンに交換。

⑧**ANA Business Jet**：10万マイルで、ANAビジネスジェットが手配するチャーター便を利用できる10万円分(1枚)の利用クーポンに交換。

⑨**寄付・支援**：貯まったマイルで、寄付・支援ができます。一口3,000マイルなどの企画が期間限定で不定期に設定されます。

(注意)：交換特典の種類によって交換に使用できないグループ区分のANAマイルがあります。またANAカードファミリーマイルはこれらの特典はできません。

[詳細説明：ANA編(2022-23年版：P15～P17、P70～P72、P76～P79)]

▲ANA Mall WEB画面
1マイルから利用できるANAのショッピングサイトです。

▲ANA Mall WEB画面QRコード
このQRコードで直接WEB画面にアクセスできます。

JAL

①**JAL Mall（JALショッピングなど）**：1,000マイルを1,000「JALお買いものポイント」(1,000円相当)に1,000マイル単位で交換して利用できるネットショッピングサイトです。送り先を自由に選べます。

②**JALパートナー特典**：様々な業種の提携先との交換特典で、ポイント交換タイプとクーポン交換タイプの2タイプがあります。一部は年間の交換数や特典の組み合わせで交換率が低減するもの、対象が特定提携カードに限定されるなどの制約があります。交換は3,000マイルからでマイル数は種類で異なります。

③**JALとっておきの逸品**：JALと大丸松坂屋百貨店法人外商事業部がセレクトした商品の交換特典。届け先は、会員本人のJMB登録住所、または会員本人の特典利用対象者の日本国内住所に限定です。交換マイル数は申し込み時期のカタログの商品別に異なります。今までは1万マイルからの商品でしたが、時期によってそれ以下のラインアップもあるようです。

④**JALふるさとの贈りもの**：日本各地の名産品や日本の技術を活かした名品、観光でも楽しめる体験クーポンなどに交換。1万マイルから。

⑤**JMBワールドマーケットプレイス（物品）**：時計・鞄・アクセサリー・電化製品など国内外の商品に、マイルから交換できます。海外地区会員も利用できます。会員本人、会員の配偶者、会員の二親等以内の親族とその配偶者の方を配送先に指定できます。4,000マイルから。

⑥**JALミニマイル特典**：ネット申し込み限定特典。600マイルから交換できるお手軽交換特典。企業の割引クーポンが主流で月間申込数上限があります。

⑦**JALチャリティ・マイル**：各種チャリティ・マイル企画に1口3,000マイルから3,000マイル単位で申し込める特典。

⑧**マイルで年会費**：JALカード会員限定の特典。マイルで年会費（家族カード含む）とJALカードショッピングマイル・プレミアム年会費が支払えます。家族会員のみ、JALカードショッピングマイル・プレミアム年会費だけに限定した利用はできません。対象カードの制限があります。
［詳細説明：JAL編（2023－24年版：P100～P105、P108～P112）］

▲JAL Mall WEB画面
JALマイレージモールとは違う新しいJALのネットショッピングです。

▲jAL Mall WEB画面QRコード
このQRコードで直接WEB画面にアクセスできます。

まとめ

●ANAのネットショッピングは1マイルから利用可能

「ANA Mall」、「ANAショッピング A-style」は1マイルから1マイル単位に支払いで使えます。

●プレゼントに応用できるネットショッピングでのマイル利用

ANA MallやJAL Mallでは送り先をマイル利用対象者限定ではないので、自由にだれにも送れてプレゼントにも使えます。

●多目的なマイルの利用できるANAトラベラーズアクテビティー

世界各地でのオプションツアー、空港でのタクシー送迎、グルメ宅配など多用なサービスが1マイル＝1円として利用できる交換特典です。マイル交換利用は全額マイルのみとなります。

PART Ⅲ

使い分ける

　PARTⅡでJALとANAのマイレージの違いを大まかに点検しました。この情報をベースに利用者自身が自分のライフスタイルや居住地などの諸条件を加味して、それぞれのサービスを使い分ける「二刀流マイレージ攻略法」を考えてみたく思います。基本的な認識ですが、だれにも共通した優位な条件は存在しません。特にマイレージの規約と条件が年々変化していくことに加え、利用者自身の条件や目的も変わり、その対応策も変化していくからです。両社のマイレージの利用項目で、自分に合った利用法を取捨選択することが「使い分ける」ことにつながり、それがあなたなりの「二刀流マイレージ攻略法」となります。

使い分ける(マイルを貯める①)
マイルの貯め方

　マイルの貯め方では、マイレージを使い分ける条件の中でも①居住地、②年齢、③会員カード、④ポイント交換の四つの項目が重要です。誰にも共通して有利な条件は一律にはありません。

ANA

①居住地:ANAグループ便しか就航のないエリアはAMCを優先します。

②年齢:クレジットカードが使えない子供のマイル獲得はANAマイレージクラブカードと楽天Edyに紐づけて利用します。

③提携カード:50%ボーナスフライトマイルのANAカードプレミアムは注目のカードです。

④ポイント交換:「Tポイント」「Pex」などがポイント交換では重要です。

JAL

①居住地:JALグループ便しか就航のないエリアは、JMBを優先します。

②年齢:満55歳以上なら迷わず「JMB G.G WAONカード」に入会。20歳代なら「JAL CLUB EST」が最有力候補の会員カード。クレジットカードが使えない子供のマイル獲得は「JMB WAON」にします。

③会員カード:ツアー商品や割引運賃でのマイル増量が可能なオ

プションプログラムを利用したいなら、「JALカード」は必携の会員カードです。

④**ポイント交換**:「Ponta（ポンタ）」「モッピー」「Pex」を重視します。

結論

●居住地や目的地でのマイレージの使い分け

自分の居住地や目的地でのマイレージの使い分けが必要です。

●マイル有効期限

マイルの有効期限は両者ともに通常36か月ですが、JALでは年齢によって60か月にできる会員カードが選べます。

●会員カードの選択

JMBとAMCの提携カードにはそれぞれ特長があり、複数枚を使い分けると、より一層マイルを貯めやすくすることができます。

●自分のライフスタイルにあったポイント交換法の研究

ポイントを有利な条件でマイル交換できるルートを研究して利用します。

▲庄内空港（山形県）（2006年撮影）
ANA便のみ就航の空港です。

▲但馬空港（兵庫県）（2006年撮影）
JAL便のみ就航の空港です。

使い分ける（マイルを貯める②）
マイルの有効期限

　マイルの有効期限に関しては、貯めておける期間が長いことがトクになるとは一概にいえません。過去の例からは、長い期間となると途中でマイレージの規定が変わることで条件が悪くなることがしばしばあるからです。貯めたマイルは、ある程度期間を決めて計画利用する方が実利にかないます。AMCとJMBのマイル有効期限を長くしたいなら、上級会員やミリオンマイラーのような多頻度での航空機利用をする方を別にすると、その対策は一般会員ではかなり限定的になります。

ANA

ANA To Me CARD PASMO JCB（ソラチカカード）のポイント交換

　このカード限定の相互ポイント交換の機能を応用することで結果的にマイルを延命（最長5年間）させることも可能です。ただしマイルの価値が幾分（約10%）減少し、貯められるマイル数には上限（最大年間24万マイル）があります。

JAL

①学生

　「JALカードNavi」に入会する。在学中はマイルが失効しません。

②特定年齢層（20歳代）

　「JAL CLUB EST」に入会することで、カード入会後から貯まっ

たマイルの有効期限が60か月になります。

③特定年齢層（満55歳以上）

「JMB WAON G.Gカード」会員になることで、カード入会後から貯まったマイルの有効期限が60か月になります。

結論

ANAではANA To Me CARD PASMO JCB（ソラチカカード）はANAマイルをメトロポイントへ年間上限なく交換できる機能が有効であり、有効期限が迫ったANAマイルを一旦メトロポイントへ交換して最長2年間貯めておけます。これをまた再交換（月1回2万マイル上限）することでマイルの価値は10％減少することにはなりますが、マイル（最大年間24万マイル）の有効期限を最長5年に延命できます。またJALなら特定の年齢層に該当する（20歳代、または55歳以上）場合、JMBでの特定カード会員になることにより誰もが実現可能になります。

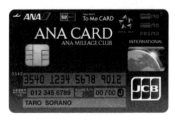

▲ANA To Me CARD PASMO JCB
マイルとポイント（メトポ）の相互交換機能を使うとマイルを延命できます。

▲JALカード Navi
学生用JALカード。在学中はマイルが失効しません。

使い分ける（マイルを貯める③）
会員カード

　ANAとJALのマイレージ会員カードは種類が非常に多く、それぞれに固有の特長があるので選択に迷います。発想を変えれば、複数の種類のカードを併用することも費用や管理の手間が許容の範囲なら有用な手段となります。

マイレージ会員カードの選別で考慮すべき代表的な項目
①カード維持費
　年会費が無料または一定条件で無料にできるカードもあります。

②好条件だが加入資格がある
　年齢、居住地、資格など特定の人が利用できる好条件であるカード。

③自分のライフスタイルで外せない特定企業との提携
　自分の日常のライフスタイルに合いマイルが貯めやすいカード。

④自分のマイル攻略に必要な機能を持つ
　使いたい交換特典やポイント交換等の特定目的に必要なカード。

ANA

①の条件に適合する会員カードの代表例

● **ANAマイレージクラブカード**：誰でも入会でき年会費無料。

● **楽天ANAマイレージカード**：楽天Edyのクレジットチャージで楽天ポイント獲得可能。年1回利用で年会費無料。

②の条件に適合する会員カードの代表例

● **ANAカード（学生向け）**：在学中は年会費無料でマイル積算率が厚遇されます。

● **SFCカード**：ステイタス獲得者向け。好条件と特別待遇の持続。

③条件に適合する会員カードの代表例

● **ANA VISA/マスターカード他**：中国で便利なANA銀聯カード入会可能。

④条件に適合する会員カードの代表例

● **ANAカード**：航空機利用時のボーナスマイルや各種優待が魅力。

● **ANA To Me CARD PASMO JCB**：マイル延命可能な相互ポイント交換が可能。

● **ANAカードプレミアム**：年会費は高額ですが、破格のボーナスマイル（50%）と国内ラウンジをステイタスなしでも利用できる等群を抜く優遇策が付与されます。

✈ JAL

①の条件に適合する会員カードの代表例

● **JMB WAONカード**：誰でも入会でき年会費無料。

● **JMB JGWカード**：15歳以上が入会可能で年会費無料。

● **りそなデビットカード〈JMB〉**：年1回以上ショッピング利用で年会費無料。

②の条件に適合する会員カードの代表例

● **JALカードNavi**：学生向けJALカード。在学中は年会費無料でマイルが失効しません。

● **JALカードCLUB EST**：20歳代限定。マイル有効期限60か月。

● **JMB G.G WAONカード**：満55歳以上限定。マイル有効期限60か月。

● **JGCカード**：ステイタス獲得者向け。好条件と特別待遇の持続。

③条件に適合する会員カードの代表例

● **JMB JQ SUGOCA**：九州地区の交通ICマネー利用者向け。

● **TOKYU CARD ClubQ JMB PASMO**：首都圏交通ICマネー利用者向け。

④条件に適合する会員カードの代表例

● **JALカード**：航空機利用時のボーナスマイルやショッピングマイル増量。

● **JALカードSuica**：JREポイントをJALマイルに交換可能な会員カード。

結論

　各会員カードの特徴を知り、自分なりのマイル活用法に資する
カードを複数併用することは現実的な方法です。ANAとJALの
二刀流攻略にはカードの選択はなおさら重要な項目です。複雑な
サービス機能やアプリの活用で複数種のマイレージ会員カード利
用は避けて通れなくなってきています。本腰を入れてマイル攻略
するなら、AMCではANAカード、JMBではJALカードは、最低1
枚は必携するカードといえます。

▲楽天ANAマイレージクラブカード
楽天Edyのクレジットカードでも楽天ポイントが貯ま
りマイル交換できます。

▲JALカード Suica
JREポイントをJALマイルへ交換可能です。

使い分ける（マイルを貯める③）
WEBとアプリ

　情報量が多いマイレージのホームページ（WEB）利用は、画面の一覧性を考えるとＰＣベースでの利用に依然軍配が上がります。ただしAMCとJMBともアプリ（スマホ）でしか使えないサービスメニューがあります。

WEBとアプリを使い分ける代表的な事項
①航空券（特典航空券を含む）・ツアーを利用（予約、購入、搭乗）する。
②マイレージの諸条件を検索、確認する。
③特典航空券以外のマイレージの交換特典を申し込む。
④自分のマイル攻略に必要な固有の機能をつかう。

ANA

①の条件に適合する使用法
　「ANAアプリ」だけで十分可能です。ただし「ANAマイレージアプリ」を利用している間でも、いちいちアプリ切替をしなくてもクリックするだけで「ANAアプリ」に画面遷移できます。

②の条件に適合する使用法
　「ANAマイレージアプリ」を利用。このアプリはANAのWEBを使う際にモバイル用専用のアプリからWEBに遷移する方法を採用していて、スマホを使ったWEB検索にストレスがありません。

③条件に適合する使用法

　PCまたはスマホでホームページ（WEB）を利用します。利用法は②と同様ですが、スマホでも利用可能です。

④条件に適合する使用法

　ANA Pay、AMCモバイルプラス、ANA Pocket など固有のサービスに対応したANAのアプリをスマホで利用します。

✈ JAL

①の条件に適合する使用法

　「JALモバイルアプリ」（スマホ）だけで十分可能です。ただし区間数の多いワンワールド特典航空券や提携航空会社提携航空券などで必要な路線網、区間マイル数等の事前調査では、PC利用のほうが処理能力的には快適です。

②の条件に適合する使用法

　PC利用のホームページ（WEB）検索を推奨します。検索画面の一覧性と細かな例外規定、関連するリンクページを複数画面に同時表示させて確認できます。「JALモバイルアプリ」にはマイレージという選択肢がなく、最下部のその他のメニューからスクロールさせ「JAL Webサイト」を選択してマイレージ関連の画面へ移ることになり、ちょっと使いづらいと感じます。

③条件に適合する使用法

　PCまたはスマホでホームページ（WEB）を利用します。利用法は②と同様ですが、スマホでも利用可能です。

④条件に適合する使用法

　「JAL Global Wallet」「JAL Wellness & Travel」など固有のサービスに対応したJALのアプリをスマホで利用します。

結論

● **スマホが使えないとフルにマイレージは使いこなせない**

　AMC、JMBともにスマホでのみ利用可能なマイレージ関連のサービスがあるので、マイレージのサービスをフルに使いこなすにはスマホは必携のツールです。またWEB利用のメニューも操作性でいくぶん難点があるものの、ほぼすべてがスマホで利用できるようになっています。しかしWEBのメニューによっては、処理速度や画面の一覧性などでPC併用が依然便利です。また特典の申し込みがPCサイトのみであるものが残っています。

▲ANAアプリのトップ画面
ログインが必要です。

▲JALモバイルアプリのトップ画面
次に利用する搭乗予定便のデータが表示
されます。QRコードも表示されますがここ
では省いてあります。

使い分ける（マイルを貯める⑤）
マイレージ提携航空会社とアライアンス

　マイレージ提携航空会社とアライアンスがマイルを貯めること
に関係するのは、主として海外路線利用時です。再び海外旅行が
盛んになるときに備え、同じアライアンスやマイレージ提携航空
会社の運航便搭乗でマイルをきっちり獲得する方法を確認してお
きたいものです。

ANA

①どの提携航空会社でマイルが獲得可能かを事前確認

　ANAのマイレージ提携航空会社とスターアライアンス加盟社
は変更が発生します。海外路線利用時にはどの会社便がANAマ
イル積算対象なのか事前チェックを怠らないことが肝要です。

②国内路線のコードシェア便でのマイル獲得

　ANA以外の他社が運航する日本国内線コードシェア便はANA
便名にてマイル積算対象運賃で予約し搭乗するとANAマイルが
積算できます。

③提携航空会社でのフライトボーナスマイル獲得

　ステイタス会員（SFC会員含む）は提携航空会社の内4社（ユナ
イテッド航空、ルフトハンザドイツ航空、スイス インターナショ
ナル エアラインズ、オーストリア航空）運航のマイル積算対象運
賃の搭乗なら、フライトボーナスマイルが貯められます。

ステイタス会員フライトボーナスマイル一覧（AMC）

AMCプレミアムメンバー＆SFC会員フライトボーナスマイル（追加%）			
航空会社	カード種別	スタイタス継続	ダイヤモンド
ANA	ANAカード ゴールド＆プレミアム	継続2年目以降	130
ルフトハンザ航空		初年度	120
スイスインター航空	特定カード非会員	継続2年目以降	125
オーストリア航空		初年度	115

AMCプレミアムメンバー＆SFC会員フライトボーナスマイル（追加%）				
航空会社	プラチナ	ブロンズ	カード種別	SFC
ANA	105	55	ANAカードプレミアム	50
ルフトハンザ航空	95	45	ANAゴールドカード	40
スイスインター航空	100	50	ANAカード（一般）	35
オーストリア航空	90	40		

📌 JAL

①どの提携航空会社でマイルが獲得可能かを事前確認

　JALのマイレージ提携航空会社とワンワールド加盟社は変更が発生します。海外路線利用時にはどの会社便がJALマイル積算対象なのか事前チェックを怠らないことが肝要です。

②国内路線のコードシェア便でのマイル獲得

　国内航空会社とコードシェア便（フジドリームエアラインズ等）では、JAL便名で積算対象運賃の予約搭乗をするとJALマイルが積算できます。

③提携航空会社でのフライトボーナスマイル獲得

　ステイタス会員（JGC会員含む）は提携航空会社の内4社（アメ

リカン航空、ブリティッシュ・エアウェイズ、イベリア航空、マレー
シア航空(日本—マレーシア線))のマイル積算対象運賃の搭乗なら、
フライトボーナスマイルが貯められます。

ステイタス会員フライトボーナスマイル一覧(JMB)

JMB FLY ONプログラム ステイタス会員&JGC会員フライトボーナスマイル(追加%)			
航空会社	ダイヤモンド	サファイア	クリスタル
JAL	130	105	55
アメリカン航空	130	105	55
ブリティッシュエアウェイズ	100	100	25
イベリア航空	100	50	25
マレーシア航空(日本-マレーシア線)	50	35	25

JMB FLY ONプログラム ステイタス会員&JGC会員フライトボーナスマイル(追加%)			
航空会社	JGCプレミア	JGCクリスタル	JGC
JAL	105	55	35
アメリカン航空	105	55	35
ブリティッシュエアウェイズ	100	50	35
イベリア航空	100	50	35
マレーシア航空(日本-マレーシア線)	50	35	35

▲クロワティア航空(ドゥブロブニク空港)
2012年9月に利用しました。

▲メンフィスにて(2020年1月)
エルビス・プレスリーの専用機前での記念写真。(提
携航空会社ではありません)

結論

●海外旅行の他社便利用でもマイルをしっかり貯める

　海外旅行での他社便利用時はマイル積算対象のマイレージ提携会社やアライアンス加盟をしっかり調べておき、マイル積算手続きを申請しましょう。

●マイレージ提携がなくてもコードシェア便ならマイル積算可能

　マイレージ提携のない他社運航のコードシェア便でもANA便名やJAL便名での予約搭乗なら、それぞれのマイル積算の対象になります。

●ステイタス会員は一部提携航空会社でフライトボーナスマイル

　ANAではプレミアムメンバー（SFC会員含む）提携航空会社の内ユナイテッド航空ほか3社でフライトボーナスマイルが獲得できます。JALでも提携航空会社の中でもアメリカン航空ほか3社運航便搭乗（マレーシア航空は日本―マレーシア線限定）で、ステイタス会員（JGC会員含む）はフライトボーナスマイルが獲得できます。

▲オーストラリア航空（ドゥブロブニク空港）
2012年9月に利用しました。

▲マレーシア航空（エコノミークラス機内）
2023年1月に利用しました。

違いを知る（マイルの貯め方⑥）
ツアーマイル＆宿泊でマイル獲得

　宿泊は航空機よりも日常的に利用の機会が多く、一度に大きなマイルを獲得できる一大チャンスです。また宿泊とツアーは予約方法や支払い方法などを工夫するとマイルを多重取りできます。

両社共通
航空会社系のツアーや宿泊予約サイトでマイル多重取り

　マイルが貯まる宿泊予約サイトやツアーサイトを利用するにあたっては、そのサイトに直接アクセスするよりも、提携ネットポイントサイト（Gポイント等）経由でアクセスすると、マイルに交換できるネットポイントであれば、その分さらにマイルが貯まります。これに加え支払いをマイルが貯まる（またはマイルに交換できるポイントがつく）クレジットカード等で支払うと、その分のマイルも増やすことができ、結果的にマイルの多重取りができます。

ANA
AMCではデイユースプランでもマイル獲得

　AMCのホテル予約ではシティーホテル（ホテルニューオータニ東京等）のデイユースプランでもマイルが貯められるサイト予約があります。

❷ JAL

① JAL カードツアープレミアム

JALカードのオプションである「JALカードツアープレミアム」(年会費2,200円(税込)に参加すると、ツアーのフライトマイル(区間マイル50%)や、積算率50〜70%の割引運賃のマイル積算が、区間マイル100%に増量できます。JALカードにしかないマイル増量の仕組みです。

② JAL カード特約店の宿泊施設

ホテルマイルや予約マイルに加え、支払いをJALカードで払う場合、その宿泊施設がJALカード特約店であると、宿泊マイルに加え、カード支払い分のマイル加算が100円につき1マイル増量できます。

③ JAL カードのツアー割引

JALのツアー(ジャルパック)は、JALカード会員は専用のWEBページからの申し込みで、旅行代金が国内・海外のダイナミックパッケージは2%、海外パッケージツアーでは3%、参加の同行者様も含めて割引されます。

結論

●ツアーやホテルWEB予約ではマイルを多重取りする

　マイルが貯まる宿泊予約サイトやツアーサイトを利用するにあたって、予約方法や支払い方法などを工夫してマイルの多重取りを狙います。

●短期間でマイル増量したいなら「マイル増量プラン」を利用

　短期間でマイルを増量したいならANAのダイナミックパッケージやANAトラベラーズホテルの「プラスマイル」のマイル増量プランを使います。

●JMB派ならJALカードツアープレミアムに注目

　JALカードにはツアーで貯まる通常フライトマイル（区間マイルの50％）を100％に増量できるオプションプログラムとして「JALカードツアーマイルプレミアム」年会費2,200円（税込）があり、また専用サイト経由の申し込みで参加者全員が割引になるなど、ツアー関連の優遇策が用意されています。

▲ホテルニューオータニ博多
デイユースでもANAマイルが貯まるホテルです。

▲JALカードツアー割引WEB画面
この画面の下部にあるボタンを使い申し込むと割引が受けられます。

使い分ける（マイルを貯める⑦）
ポイント交換

　ポイント交換は誰でもマイルを増やすことができるマイル獲得
での最重要な機能の一つです。日本の2大マイレージほどポイント
の集約機能が整備されているポイントサービスはありません。その点に注目し、自分なりの攻略方法を確立しましょう。ただし条件や改廃に注意した定期的な見直しが必要です。

ANA
①**共通ポイント**：交換元が多い「Tポイント」は必携。
②**お買い物ポイント**：個人差が大きく決め手はない。
③**クレジットカード**：会員の個人条件にあう「ANAカード」。
④**電子マネーなど非現金決済ポイント**：「楽天Edy」をAMCと紐づけ。
⑤**ネットポイント**：交換単位が最少の「Gポイント」。

JAL
①**共通ポイント**：2ポイント＝1マイル単位交換の「Ponta」は必携。
②**お買い物ポイント**：個人差が大きく決め手はない。
③**クレジットカード**：オプションプログラムが魅力の「JALカード」。
④**電子マネーなど非現金決済ポイント**：誰でも貯められる「JMB WAON」。
⑤**ネットポイント**：定番の「モッピー」と交換メニューの多い「Pex」。

結論

●共通ポイントカードへポイント集約

　ANAなら「Tポイント」、JALなら「Ponta」といった集約性が高い共通ポイントの利用がオーソドックスなポイント交換。

●交換条件の有利な複数のサイトを確立する

　複数サイト経由のポイント交換は、直接マイルへ交換できないものも交換できたり、交換率で好条件となったりするケースがあります。特定カード利用等制約条件を探求し、自分なりの好条件の交換方法を確立しましょう。

●クレジットカードはカード費用と固有の機能差に注意

　クレジットカードほどマイル獲得に重要なものはありません。ただしその維持費とカード固有の機能差があるので一律に優位は定まりません。AMCならANAカード、JMBならJALカードが最低各1枚は必携のクレジットカードです。

▲ANAホームページ(ポイント交換)
Gポイントはマイルを貯めるネットポイントのカテゴリーに分類されています。

▲JMBホームページ (マイレージパーク)
モッピー特集が掲載(2023年夏季)。

使い分ける（マイルを貯める⑧）
マイルの合算

　「JALカード家族プログラム」と「ANAカードファミリーマイル」では、家族のマイルなら合算利用ができますが、家族分のカード費用もかかり、特典利用に際し制約条件があります。交換特典等で目的がはっきりしている場合や、家族構成でこの条件に向いたライフステージにある会員には有用な制度になります。

 ANA

家族カードの年会費が無料のANAカードプレミアム

　「ANAカードファミリーマイル」に有用な家族カードでは、本会員は高額な年会費ですが、家族カードの年会費が無料のカード（ANAダイナース プレミアムカード：（家族会員無料）、ANAアメリカン・エキスプレス・プレミアム・カード：（家族会員4枚まで無料））があります。

 JAL

JALカード家族プログラム参加の18歳未満会員のボーナスマイル

　「JALカード家族プログラム」ではクレジットカードを持てない18歳未満の子会員でもJALカード会員特典である毎年初回搭乗ボーナスが1,000マイルもらえます。またスカイメイト運賃搭乗でのマイル積算で通常区間マイルの50％が100％に積算されます。

結論

●必要マイル数の大きな特典交換に便利

　欧米線のビジネスクラス特典航空券など、必要マイル数が多い特典や自分のマイルだけでは足りない特典交換に家族マイルの合算は便利な制度です。

●家族カードでカード年会費を節約

　提携クレジットカードの家族カードを使うと年会費が節約できますが、ショッピングでのマイル積算は本会員のマイル口座になる点と、与信額は本会員の枠に含まれていて、その分増えることはない点に注意してください。

●マイルの減算には一定の規則がある点に注意

　合算でマイルを使うには、一定の規則（マイルの有効期限の短いものが優先して減算される等）があり、特定の家族のマイルを指定しての合算利用することはできません。

▲ANAカード家族カード説明WEB画面
ANAカードの家族カードの内容はこのWEBで調べることができます。

▲JMBカード
18歳未満の子供のマイルもこのカードを使い合算可能です。

使い分ける（マイルを貯める⑨）
日常生活でマイルを貯める

　日常生活でマイルを貯めることはマイレージの攻略の要点のひとつである「マメのなる」ということに尽きます。「ちりも積もれば」の喩えではありませんが、毎日の少額な支出でのマイル獲得も大きな交換特典につながります。企業とのマイレージの提携は改廃や条件変更がたびたび起きますから、関連のネットサイトは定期的にチェックし、常に有利な条件を確保しましょう。

両社共通
①支払い手段選択とポイントカードでマイルの多重取り
　マイルへ交換できるポイントカード（Ponta、楽天カード等）とマイルが貯まるクレジットカードや電子マネーなど支払い手段を組み合わせるマイルの多重取りは、マイル獲得術の基本中の基本です。どちらか一方のカードの携行を忘れないようすることに加え、スマホのポイントアプリ利用も有用です。

②ネットショッピングでのマイル多重取り
　ネットショッピングでは、最終目的のサイトを利用する際にANAマイレージモールやJALマイレージモール、ネットポイントサイト等を経由することと、支払い手段を工夫することでマイルを多重取りできる点に留意しましょう。この方法も、わかっているけどついつい面倒で直接目的サイトにアクセスしてしまいがちです。「マメになる」ことを厭わないマイラーになりましょう。

ANA

① **ANAマイル交換の共通ポイント「Tポイント」**(他ポイントからの集約力)

② **ANAマイレージモール経由での「楽天市場」利用**(200円＝1マイル)

③ **コンビニで「楽天Edy」支払い**(利用接点とAMCモバイルプラス活用)

JAL

① **JALマイル交換の共通ポイント「Ponta」**(2ポイント単位のマイル交換)

② **JALマイレージモール経由での「Amazon利用」**(200円＝1マイル)

③ **JALカード特約店**(マイルが2倍。全国5万2,000店以上)

▲ANAマイレージモール経由の楽天市場選択画面
楽天市場でのマイル積算はANAは200円=1マイルです。

▲ANAマイレージモール経由の楽天市場選択
画面QRコード
このQRコードで直接WEB画面にアクセスできます。ます。

▲JALマイレージモール経由のAMAZON選択画面
AMAZONでのマイル積算はANAは200円=1マイルです。

▲JALマイレージモール経由のAMAZON選
択画面QRコード
このQRコードで直接WEB画面にアクセスできます。

結論

●マイルが貯まるポイントカードの整理整頓

　肝心の時にポイントカードがすぐ出てこないということにならないよう、必要なカードは整理整頓して常に携帯するかスマホアプリを活用しましょう。

●関連サイトの定期的なアクセスを習慣化

　企業とのマイレージ提携は改廃や条件変更がたびたび起きます。関連のネットサイトは月に1回程度定期的にチェックし、常に有利な条件を確保します。

●切替時期での条件など再点検

　マイレージ提携の金融機関、公共料金などでは条件などがたびたび変更されたり廃止されたりすることが多いので、自動延長をせずに切替時期を意識して、都度有利な条件のものを選択しましょう。

▲那覇市内のタクシー（楽天Edy対応）
沖縄では楽天Edyの普及が広く、タクシーでも使えます。

▲JALカードアプリ紹介WEB
2倍マイルが貯まるJALカード特約店はアプリでの検索が便利です。

使い分ける（マイルを使う①）
マイルの利用者

　一般のポイントサービスは、その会員がポイントを使うことが基本となっています。ANAとJALのマイレージではマイルを使うことは基本的に会員本人ですが、交換した特典（主に特典航空券）は家族が使える点が異なります。海外の航空会社のマイレージでは特典航空券を会員が指定する第三者でも利用できるものがあります。ANAとJALのマイレージで利用できる会員の家族とは会員の配偶者（同性パートナー含む）と二親等以内の家族とその配偶者です。

 ANA

　ANAマイレージクラブ（AMC）での会員本人以外の家族での交換特典利用には、事前に特典利用者を登録する必要があります。続柄を証明できる書類の提出を求められる場合もありますが、特典利用者の登録は会員本人様を除き、会員の配偶者・同性パートナーおよび二親等以内の家族最大10名までです。

　登録した特典利用者を変更するには手数料として1名あたり5,000マイルが必要です。ただし戸籍上の変更（婚姻・死亡）に伴う特典利用者登録内容の変更・削除やスペルミスなどの修正の場合、変更手数料はかかりません。変更する際に戸籍上の変更を証明する公的書類が必要になります。特典利用者のAMCお客様番号変更も、変更手数料はかかりません。

JALマイレージバンク(JMB)では会員本人以外の交換特典を利用する際に、会員との間柄を示す証明書類の提出が求められるケース(会員と名字が異なる方の利用等)もありますが、人数的な制約はありません。

結論

●AMCでは会員本人以外の特典利用には事前登録と人数制限

会員本人以外の家族での交換特典利用にはANAマイレージクラブは事前登録と利用者の人数制限(最大10名)があります。

●会員との間柄を示す証明書が必要となるケースもある

会員と名字が異なる利用可能対象者の特典利用や各種手続きで会員との間柄を示す証明書が必要となるケースもある点に留意しましょう。

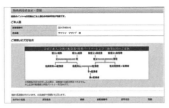

▲AMC特典利用者登録画面
最大10名まで登録できます。

▲JMB特典利用者説明画面
JALマイルが利用できる会員(本人)との家族の範囲がわかります。

使い分ける（マイルを使う②）
マイルの合算利用

ほかの会員のマイルを合算して利用することは、ANAは「ANA
カードファミリーマイル」、JALは「JALカード家族プログラム」で、
一親等以内の家族と配偶者となら可能です。ただし使える交換特
典には両者とも個別の制約があります。

ANA

「ANAカードファミリーマイル」では合算したマイルで利用で
きる交換特典には制限があります。可能な交換特典は、①ANA国
内線特典航空券、②ANA国際線特典航空券、③ANA国際線アッ
プグレード特典、④提携航空会社特典航空券、⑤ANA SKY コイ
ンに限定されます。

JAL

「JALカード家族プログラム」では、ほとんどの交換特典でマイ
ル合算利用が可能ですが、「JALとっておきの逸品」「JALふるさと
からの贈りもの」は、18歳未満の子会員では申し込みできません。

結論
●合算マイルで交換可能な特典
　マイル合算で利用できる交換特典の内容ですが、「JALカード家
族プログラム」ではほとんどの交換特典で可能ですが、「ANAカー
ドファミリーマイル」では特典航空券、ANA国際線アップグレー

ド特典、特典航空券、ANA SKY コインに限られます。

●合算マイル残高の確認

　合算マイルの確認は、「JALカード家族プログラム」では会員ごとに選択できますが、「ANAカードファミリーマイル」はプライム会員のみ可能です。

●マイルの減算優先順位

　ANAとJALとも合算マイル減算の優先順位はマイルの有効期限の短いものが優先されますが、ANAにはマイル口座グループがあり、異なるマイル口座グループに同じ有効期限のマイルがある場合は、4→3→2→1の順にマイルが減算されます。またANAとJALとも会員の同じ有効期限のマイルでは親会員が優先されます。

▲ANAカードファミリーマイル特典説明WEB画面
家族合算マイルで使える交換特典は制限があります。

▲JALとっておきの逸品
18歳未満のJALカード家族マイル子会員は利用できません。

使い分ける（マイルを使う③）
国内線特典航空券

　国内線特典航空券を使い分けるには、以下ようなのケースが代表的な例にあたります。付帯する様々な条件の違いから、誰にでも共通して有利な条件は一律にあてはまりません。特に注意すべき点は両社の旅程基準が異なることで、2023年のJAL国内線特典航空券の規約変更で乗継旅程が可能になり、直行便のない区間では以前よりも大幅に少ないマイル数で特典航空券の利用が可能になったことです。

①**行先**：目的地へ就航している便がどちらか一方にしかない。

②**日程**：希望日程の特典航空券の予約（席数含め）が一方しか取れない等。

③**旅程**：乗継が必要な旅程で1枚の特典航空券で利用したい場合。

④**マイル数の多寡**：少ないマイル数（手持ちのマイル数内）で旅行がしたい。

⑤**変更**：日程の変更が可能であるか。

ANA
●**使い分けの一例**

①**行先**：稚内、鳥取などはANA便しか就航していない空港です。

②**日程**：予約を取る日や旅程、行先、席数など条件次第で、特典航空券の予約が取れる場合もあれば、申し込み時点では予約自体が取れないなど条件は一定ではありません。特にAMCでは国内線

特典航空券の予約開始日が年に2回（夏ダイヤ、冬ダイヤ毎に設定）に分かれていますので、予約タイミングにも左右されます。

③**旅程**：就航路線の組み合わせ次第ですが、直行区間ではAMCの国内線特典航空券が交換に必要なマイル数が一番少ないケースがあります。

④**マイル数の多寡**：搭乗希望日のシーズン区分によって、マイル数は一律ではありません。タイミングが合えば「今週のとく旅マイル」を1週間以内の往復旅程や片道利用なら、通常よりも少ないマイル数で日本各地への旅行に利用できます。

⑤**変更**：ANAの国内線特典航空券は「今週のトクたびマイル」も含め、変更が無料で可能です。ただし変更はマイレージ専用窓口となり、空港カウンターでは変更できません。変更希望便出発日の前日かつご予約便の出発前で特典航空券の空席があれば可能です。

✈ JAL

●**使い分けの一例**

①**行先**：奥尻島（北海道）や山形（山形県）等、全国各地にはJAL便（コードシェア便含む）しか就航していない空港があります。

②**日程**：予約を取る日や旅程、行先、席数など条件次第で、最少のマイル数で取れる場合もあれば、特典航空券の予約自体が取れないなど、条件は一定ではありません。搭乗日の330日前の9時30分から前日まで予約可能です。

③**旅程**：就航路線の組み合わせ次第ですが、特に乗継設定がある区間では、AMCの国内線特典航空券を使うよりも交換に必要なマイル数が少ないケースもあります。

④**マイル数の多寡**：予約を取るタイミングによって最低マイル数

で予約できるケース（便）もあれば、予約はできても変動マイル数でマイル数が多く必要なケース（便）もあり、一律ではありません。行ったことのない国内旅行先や単純な行楽目的なら、「どこかにマイル」などの利用も制約がありますが、少ないマイル数で旅行できる方法です。

⑤**変更**：JALの国内線特典航空券は2023年4月12日以降の新制度で変更ができなくなり、マイルを払い戻した上で再度予約を取り直す方法に変わりました。「どこかにマイル」と「どこかにマイル（南の島）」はもともと変更ができません。

▲富山空港ターミナルビル
現在はANA便のみ就航の空港です。以前JAL便も就航していた時期がありました。

▲山形空港ターミナルビル
JAL便のみ就航の空港です。

結論

●行先や旅程によってはどちらかの特典航空券しか利用できない

　両社の就航便(コードシェアも含む)や条件の違いで、ANAまたはJALのどちらかの特典航空券しか利用できない目的地や旅程があります。

●特典航空券のゾーン区分と交換に必要な最低マイル数が異なる

　同じ直行区間でもANAとJALの国内線特典航空券のゾーン区分が異なり、交換に必要な最低マイル数も異なります。単純な直行区間の国内線特典航空券では閑散期(ローシーズン)ではANAのほうがJALより少ないマイル数の区間が多いですが、予約が取れるかどうかは別の条件です。

●乗継旅程(区間)での特典航空券ならJMBの方が有利

　乗継旅程となる区間では交換最低マイル数上の比較では、JALのほうが有利なケースが多くあります。

●マイル数の多寡は単純比較できない

　ANAでは交換マイル数にはシーズン区分がありますが、変動制ではありません。従来通り特典航空券はマイレージ枠限定です。乗継区間設定は沖縄離島の往復旅程のみです。JALでは予約を取るタイミングによって最低マイル数で予約できるケースもあれば、予約はできても変動マイル数でマイル数が多く必要なケースもあり一律ではありませんが、予約がいつでも取りやすい仕組みです。また多くの区間に乗継区間設定があります。こうした条件の差があるので、必要マイル数の多寡は単純には比較できません。

●変更の方法は異なる

ANAの国内線特典航空券は「今週のトクたびマイル」も含め、変更は日付と搭乗便が特典航空券の空席があれば無料で可能です。JALでは2023年4月12日以降、国内線特典航空券の規約変更にともない、以前のように無料で変更手続きができないシステムになりました。変更するには予約した国内線特典航空券を一旦取り消して再度希望便の特典航空券を予約し直さなければなりません。ただし特典航空券の変更は有償の購入航空券とは違い、特典航空券の空席があってはじめて可能となるので、必ずしも利用者の希望通りにすんなりと変更できるとは限らないことを考慮すべきでしょう。

▲能登空港ターミナルビル
ANAの国内線特典航空券で行くことができる空港です。

▲天草空港ターミナルビル
JALの国内線特典航空券で行くことが可能な空港です。

使い分ける（マイルを使う④）
国際線特典航空券

　国際線特典航空券を使い分けるのは以下ようなケースが代表的な例にあたります。特に注意すべき点は両社の旅程基準が異なることです。さらにJAL国際線特典航空券は2018年の規約変更で交換マイル数が変動制になり、希望日程で予約が取りやすくなった反面、日程によっては交換マイル数が多く必要となります。さらにJAL国際線特典航空券は予約変更不可であり、キャンセル待ちはファーストクラスのみ可能です。このような付帯条件の違いから、誰にでも共通して有利な条件は一律にはあてはまりません。

①**行先**：目的地へ就航している便がどちらか一方にしかない場合。
②**日程**：希望日程の特典航空券の予約（席数含め）が一方しか取れない等。
③**旅程**：乗継が必要な旅程で1枚の特典航空券で利用したい場合。
④**マイル数の多寡**：少ないマイル数（手持ちのマイル数内）で旅行したい。
⑤**変更**：日程の変更が可能であるか。

ANA

①**行先**：パース（オーストラリア）、メキシコシティーなどはANA便しか就航していない空港です。

②**日程**：予約を取る日や旅程、行先、席数など条件次第で、特典航空券の予約が取れる場合もあれば、申し込み時点では予約自体が取れないなど条件は一定ではありません。特にAMCの国際線特典航空券の予約開始日が搭乗日前日から数えて355日前である点がJALと異なります。さらにキャンセル待ち（1区間1便）ができます。

③**旅程**：日本発着でも国内線2区間が利用できるので、日本国内のどのANA就航空港からも1枚の特典航空券でANA国際路線を特典航空券で利用できます。出発地が海外で、日本を経由して目的地も海外となる場合、ANA国際線特典航空券は設定区間内ならひとつの特典航空券利用になります。

④**マイル数の多寡**：ローシーズンなら一番少ないマイル数で目的地に行くことが可能です。美術館巡りなど季節差での不利益がない特定目的の旅行で、特典航空券を使うには有利です。

⑤**変更**：ANAの国際線特典航空券は変更が無料（同じシーズン区分の場合）で可能です。ただし変更はマイレージ専用窓口となり、空港カウンターでは変更できません。予約済の便の出発前かつ搭乗希望便出発の24時間前までに特典航空券の空席があれば可能です。

✈ JAL

①**行先**：ヘルシンキ（フィンランド）、コナ（ハワイ）等、JAL便（コードシェア便含む）しか就航していない空港があります。

②**日程**：予約を取る日や旅程、行先、席数など条件次第で、最少のマイル数で取れる場合もあれば、特典航空券の予約自体が取れないなど条件は一定ではありません。JALの国際線特典航空券の予約開始日が搭乗日の360日前午前10時からである点がAMCと異なります。

③**旅程**：JAL国際線特典航空券では国内線区間が1区間しか利用できませんが、ゾーン制なので日本発海外便発着空港（羽田や成田等）への最寄り空港からの直行便があれば、ワンワールド特典航空券のように海外便発着空港までの移動便分のマイル追加が必要ありません。ただし海外便発着空港への国内線区間が2区間以上ある出発地の場合は、国内線特典航空券を追加する必要があります。また出発地が海外で日本を経由して目的地も海外となる場合、JAL国際線特典航空券は日本発着を基準にしており、二つの特典航空券利用になります。

④**マイル数の多寡**：予約を取るタイミングによって最低マイル数（基本マイル数）で予約できるケースもあれば、予約はできても変動マイル数でマイル数が多く必要なケースもあり一律ではありません。

⑤**変更**：JALの国際線特典航空券は2018年12月4日以降の新制度で変更はできなくなり、マイルを払い戻した上で再度予約を取り直す方法に変わりました。

▲羽田空港第三ターミナルANAカウンター
国際線ターミナルから名称が変更となりました。

▲成田空港第二ターミナルJALカウンター
成田空港ではワンワールド各社は第二ターミナルに集結しています。

結論

●行先によって使い分ける

　両社のどちらか一方しか就航便のない目的地は、必然的に国際線特典航空券はその就航便があるほうのマイレージを選択することになります。しかし提携航空会社特典航空券を使うならこうした制約は不要です。ただしその分必要マイル数や予約の取りやすさなどの条件面でハードルが上がります。

●片道利用ならJAL

　ANA国際線特典航空券は往復旅程しか利用できませんが、JAL国際線特典航空券は片道利用可能です。

●国際線搭乗空港まで直行便がないエリアならANAが有利

　国際線特典航空券の日本国内区間はJALでは往路復路で各1区間ですが、ANAは2区間可能なので、国際線出発空港まで日本国内線が乗継区間となる出発地でもひとつの特典航空券で利用できます。

●同じ区間が利用できる場合はANAのローシーズンが最安

　同じ就航先が目的地なら必要交換マイル数ではANAのローシーズンが少ないマイルで行けるケースが多くあります。

●変更の方法は異なる

　ANAの国際線特典航空券の変更は日付と搭乗便が特典航空券の空席があれば無料（シーズン区分が同じ場合）で可能です。JALでは2018年12月4日以降、JAL国際線特典航空券の規約変更にともない、以前のように無料で変更手続きができないシステムになりました。変更するには予約したJAL国際線特典航空券を一旦取り消して再度希望便の特典航空券を予約し直す方法で変更することになります。ただし特典航空券の変更は有償の購入航空券とは違い、特典航空券の空席があってはじめて可能となるので、利用者の希望通りにすんなり変更できるとは必ずしも限らないことを考慮すべきでしょう。

●キャンセル待ちや空席待ちの利用

　ANAの国際線特典航空券では空席待ちは片道につき1便可能です。ただし既に座席が確保できている便がある場合と既に空席待ちをしている便がある場合はできません。JALでは国際線特典航空券のキャンセル待ちはファーストクラスでは可能です。

使い分ける（マイルを使う⑤）
提携航空会社特典航空券

　提携航空会社特典航空券を使い分けるのは以下のケースが代表的な例にあたります。付帯する様々な条件の違いから、誰にも共通して有利な条件は一律にはあてはまらないことは、この交換特典でも同じです。

①行先
目的地へ就航している便がどちらかにしかないことがあります。

②片道旅程
予定する旅程で利用したい特典航空券区間が片道となる場合。

③燃油サーチャージ
特典航空券の利用で燃油サーチャージがかからない 航空会社（一部路線は対象外の場合もある）を使いたい場合。

④区間数
使える区間数が多いと直行便以外も利用できます。

⑤途中降機回数
周遊旅程で途中降機回数を多く利用したい場合。

⑥マイル数の節約
少ないマイル数（手持ちのマイル内）で行きたい。

⑦変更機能
旅行途中でも日程変更できるかどうかで自由度が違います。

ANA

①行先

スヴァールバル諸島（ノルウェー）はAMC提携のスカンジナビア航空の特典航空券しか利用できない目的地です。

②片道旅程

AMCでは提携航空会社特典航空券は往復旅程のみで利用できます。

③燃油サーチャージ

シンガポール航空、エアカナダなどが特典航空券では燃油サーチャージがかかりません。ユナイテッド航空では日米線は燃油サーチャージが必要です。

④区間数

往路・復路とも日本国内最大2区間、海外最大2区間。

⑤途中降機回数

往路または復路で1回のみ。日本国内は不可。周遊旅程は1か所の立ち寄り（途中降機）（24時間以上の滞在）しかできません。

⑥マイル数の節約

ゾーン区分制なので目的地や旅程によってはマイル区分制よりも少ないマイル数で交換可能です。また日本国内の出発地が地方空港であっても、海外便の出発空港までの移動に余計な移動費を使わないで済ませることが可能で、乗継便で交換マイル数が増えることもありません。

⑦変更機能

条件を満たせば旅行開始前と途中で可能。

✈ JAL

①行先

イースター島（チリ）はJMB提携のLATAM航空の特典航空券しか利用できない目的地です。

②片道旅程

JMBの提携航空会社特典航空券はすべての会社で可能です。

③燃油サーチャージ

アメリカン航空、マレーシア航空などが特典航空券では燃油サーチャージがかかりません。

④区間数

最大6区間（単一）、最大8区間（ワンワールド2社以上）。

⑤途中降機回数

最大3回（単一航空会社、1都市は1回まで）、最大7回（ワンワールド特典航空券）。

⑥マイル数の節約

旅程合計マイル数区分制なので発着地の組み合わせでマイル数は増減します。同じ国でも出発地から距離がある目的地や経由便を利用すると交換マイル数が多くなります。

⑦変更機能

条件を満たせば旅行開始前と途中で可能です。

結論

●行先や旅程によって使い分ける

　提携航空会社の路線網を調べてみると、どちらかの一方でしか
行けない目的地があります。また規定の区間数で納めるのに直行
便の有無も特典利用に影響します。そうした条件を加味した上で、
使い分けることになります。

●必要マイル数の計算基準が異なる

　ゾーン制（ANA）と距離区分制（JAL）では旅程次第で必要マイル
数が異なる場合があります。ANAのスターアライアンス加盟航空
会社便の利用なら、日本国内の地方空港発で国際線出発空港まで
国内区間に乗り継ぎが必要な場合でも、追加の移動費をかけない
で済ませることが可能です。

●区間数と途中降機回数はJALが有利

　利用できる区間数ではほぼ互角ですが、途中降機の回数では
JALのワンワールドのほうが圧倒的に有利で周遊旅程に向いてい
ます。

●片道ならはJAL一択

　片道利用をしたいならJALを選択することになります。

▲成田空港第一ターミナル南ウイング
AMCの提携航空会社のユナイテッドやエアカナダが
同じターミナルで並んでいます。

▲JFKエミレーツラウンジ
JMB提携航空会社エミレーツ航空のJFKラウンジ。ラ
ウンジから航空機に直接搭乗でき便利でした。

使い分ける（マイルを使う⑥）
世界一周特典航空券

　世界一周特典航空券を使い分ける際に考慮すべき点は、以下の条件が代表的な例だと考えます。旅程の計画立案も含め、希望日程で予約を取るのは最難関の特典航空券です。

①行先
行きたい目的地へ就航している便が特典航空券で予約できるか。また区間数を上手に使うために直行便の有無と季節便などが、この特典航空券を選択する基準になります。

②旅程
希望する日程で訪問したい都市を制限区間数内で訪れるか。

③日数制限
希望する世界一周旅程の日数。

④区間数
直行便以外に経由便も使うには利用できる区間数が多いほうが有利。さらに地上移動区間数の条件によっては、旅程作成の自由度が高くなります。

⑤途中降機回数
途中降機可能回数が多い訪問先を増やせます。

⑥予約の完結
予約が希望日程で全部とれるか。時間制約や手数料のないWEB予約可能であるかなどが前提条件です。

ANA(スターアライアンス世界一周航空券利用)

①行先

スターアライアンス加盟航空会社便の就航都市なら利用可能です。ただしこの特典航空券の条件である区間数や途中降機等の制限があり、経路がこの規約に適合するルートでなくてはなりません。そのため行先によってはこの世界一周特典航空券で難しい訪問地があります。

②旅程

スターアライアンス世界一周特典航空券では、最大12区間と総旅程に含まれない地上移動区間数は4回まで可能。

③日数制限

出発国に戻る最後の国際線搭乗が最初の国際線搭乗の10日目以降でなくてはなりません。旅行開始日(発行日より1年以内)より最長1年間有効。

④ 区間数

最大12区間。地上移動区間4区間。

⑤途中降機回数

最大8回。(日本国内最大4回)。

⑥予約の完結

WEBで予約不可。電話申し込みのみ(手数料有料)。

⚄ JAL（ワンワールド特典航空券1枚利用）

①行先

JMBの特典航空券はすべて片道利用可能なのでこの特典航空券を複数使うことでも世界一周ができ、旅程の選択肢が広いことが利点です。ただしJMBでの提携航空会社便では行けない場所は、地上移動区間を使うなどの手段で組み込むことができますが、世界一周旅程が可能な1枚のワンワールド特典航空券ではわずか1区間しか利用できません。

②旅程

JMBの特典航空券はすべて片道利用可能なので、特典航空券を複数組み合わせるとさらに自在な旅程が組めます。1枚のワンワールド特典航空券では最大8区間と総旅程に含まれない地上移動区間数は1回まで可能。

③日数制限

ワンワールド特典航空券には世界一周の最短日数の制限がなく、旅行開始日（発行日より1年以内）より最長1年間有効。

④ 区間数

最大8区間（日本国内区間最大2区間）、地上移動区間1区間。

⑤途中降機回数

ワンワールド特典航空券は最大7回。

⑥予約の完結

路線網に熟知していることが早道。WEBで予約可能。

結論

●1枚の特典航空券ならANAのほうが区間数や途中降機が多い

　世界一周旅程を1枚の特典航空券で組む場合の比較では、ANAのスターアライアンス世界一周特典航空券のほうが、途中降機回数(8回)区間数(12区間に地上移動最大4区間可能で16区間)ともに多い設定です。

●最低日数制約がないJAL

　ANAスターアライアンス世界一周特典航空券は出発国に戻る最後の国際線搭乗が最初の国際線搭乗の10日目以降という制約がありますが、JALの世界一周旅程に使えるワンワールド特典航空券には日程制約はありません。

●発券手数料がかかるANA

　ANAスターアライアンス世界一周特典航空券は電話のみの申し込みとなり、発券費用は有料(5,500円)です。ワンワールド特典航空券は世界一周旅程でもWEB申し込み可能でその場合の発券手数料はかかりません。

▲スターアライアンス世界一周特典航空券で行ったニューヨーク(2005年11月)
立ち寄った友人宅は自由の女神が真正面に見せる高層マンションの一室でした。

▲ワンワールド世界一周特典航空券で行ったルクソール神殿(2009年2月)
この後ピラミッド見学のためカイロまで夜行寝台で移動しました。

使い分ける（マイルを使う⑦）
アップグレード特典

アップグレード特典はANAとJALではかなり条件差があります。国際線利用時に威力を発揮します。

ANA
①特典航空券利用時のアップグレード

搭乗当日空港で空席があれば、国際線特典航空券のアップグレードはANAの場合はステイタス会員（SFC会員含む）ならアップグレードポイントで可能です。

②提携航空会社便のアップグレード

他社運航便（スターアライアンス加盟のみ）でもアップグレード特典利用は可能です。

③国内線のアップグレード

ANAのステイタス会員（SFC会員含む）ならアップグレードポイントなら国内線プレミアムシート可能です。

JAL
①特典航空券利用時のアップグレード

搭乗当日空港で空席があれば、国際線特典航空券利用時でもマイルを使ったアップグレード特典はJALでは利用できます。

②提携航空会社便のアップグレード

他社運航便でのアップグレード特典利用はJALではできません。

③国内線のアップグレード

国内線のアップグレードはJALにありません。

結論

●アップグレード特典はアップグレード区分で必要なマイル数は異なる

ANAとJALのアップグレード特典は、行先やアップグレード区分によって交換に必要なマイル数は異なります。

●他社便でもアップグレード特典が使えるANA

ANAのスターアライアンスアップグレード特典は他社便でも利用可能です。

●ANAとJALのアップグレード特典を使うならファーストクラス

世界中でファーストクラスがなくなりつつある今日、ANAとJALでは夢のファーストクラスにアップグレード特典で搭乗することができます。

▲ANA国際線ファーストクラス座席（新212）
アップグレード特典でファーストクラス搭乗を狙いたいものです。

▲JAL国際線ファーストクラス（SUITE）
アップグレード特典でならファーストクラス搭乗が近づきます。

使い分ける（マイルを使う⑧）
系列LCCでのマイル利用

　変動制ではありますが、基本的にLCCは運賃が安いことが魅力です。マイルから交換したLCCのポイントがその支払いに使えて、区間や日程的にANAやJALの特典航空券の最低交換マイル数と同等水準なら、利用価値が十分あります。ただこの利用は日程や席数など通常の特典航空券予約が難しい場合の補完的な利用方法だと思います。今後海外路線の拡充が注目されます。

ANA

　ANAの就航していない路線や運休中の路線でのPeach便利用にピーチポイント交換は利用価値があります。交換率が低いのが難点です。

JAL

　ZIPAIRポイントが狙い目。特に新規路線の北米3路線（サンフランシスコ、ロサンゼルス、サンノゼ）のスタンダード運賃の最安価格では3万JALマイル交換相当（本書執筆時点）なので、JALのエコノミークラス特典航空券と交換に必要なマイル数はほぼ同レベルです。

結論

●LCC利用にもマイルが使える

　意外なことにマイレージの天敵だと思っていたLCCがANAや
JALのマイルを使って系列LCCで利用できます。

●ANAやJALの就航していない路線での利用

　沖縄−台北（ピーチ）、成田−サンノゼ（ZIPAIR）等のANAやJAL
が就航していない区間では、マイレージ提携航空会社の特典航空
券の代わりに使えます。LCCのポイントとのマイル交換率と提携
航空会社特典航空券の交換マイル数と比較して有利なほうを選び
ましょう。

●ANAのピーチポイント特典は交換率が魅力薄

　1マイル＝0.9円相当のピーチポイント交換では、ピーチポイント
がピーチの各種支払いや手数料では優遇レートで使えても魅力薄
です。

▲Peach搭乗カウンター（成田空港国内線）
Peachの成田空港国内線カウンターは第一ターミナル
の北ウイング1階にあります。

▲ZIPAIR搭乗カウンター（成田空港国際線）
ZIPAIRの成田空港カウンターは第一ターミナルの北ウ
イング4階です。

使い分ける（マイルを使う⑨）
ツアーでのマイル利用

　航空会社のツアーにはマイルは直接使えません。ツアーの支払いに使える交換特典である「ANA SKYコイン」（ANA）か「eJALポイント」（JAL）に交換して利用します。交換はネット上では即時に行えます。JALではこれ以外に「JALクーポン」もツアー代金に使えます。交換特典の有効期限分（約1年間）だけマイルの有効期限を先送りできる効果があります。

ANA

ANAツアーのオプションツアーはマイル直接利用

　ANAツアーのオプションツアー「ANAトラベラーズ・アクティビティー」は、「ANA SKYコイン」利用ではなく、全額マイル支払いの特典です。

JAL

利用範囲の広い「JALクーポン」の交換&利用方法に注意

　JALのツアー代金には「JALクーポン」も利用できます。会員のマイル利用者の範囲内の家族がマイルから交換した「JALクーポン」も一緒に利用できるので、結果的に家族のマイルを合算して利用できる効果もあります。

結論

●**マイル交換特典で払ったツアーのフライトのマイルは再加算**

「ANA SKYコイン」や「eJALポイント」「JALクーポン」を使ったツアーでは所定のフライトマイルが再加算されます。

●**ツアーならマイル有効期限より最長1年先でも申し込み可能**

ツアーに利用できる「ANA SKYコイン」「eJALポイント」、「JALクーポン」には約1年の有効期限があり、マイルの有効期限直前に交換するとその分さらに長く使うことができます。

●**「JALクーポン」の家族利用**

「ANA SKYコイン」と「eJALポイント」はほかの会員との合算利用はできません。「JALクーポン」は特典利用者となる会員の家族が自分のマイル口座から交換した「JALクーポン」なら一緒に利用可能です。

▲ANAトラベラーズ・アクティビティーWEB画面
全額マイルで支払うタイプの交換特典です。

▲JAL国内ツアーWEBトップ画面
JALの国内ツアーはすべてダイナミックパッケージです。

使い分ける（マイルを使う⑩）
電子ポイント特典

　特典航空券などに比べ、マイルの交換価値は劣りますが、電子ポイント特典の魅力は「広い用途」「小さな交換単位」「すぐ使える即時性」です。

ANA

① 1マイル単位で交換利用できる ANA Pay 特典

　新制度の「ANA Pay」は1マイルから1マイル単位で交換し、利用できる点が魅力です。さらに再度マイルが貯まります。

② 2022 年 4 月以降のマイル区分での制限

　マイル区分で「ANA SKYコイン」以外の電子ポイント特典の一部に使えないマイル（グループ3、4)がある点に注意してください。

JAL

①用途が広い電子マネー特典なら交換率の良い WAON 特典

　用途が広い「電子マネー特典」の中で、JALのWAON特典は最大 1 マイル =1.25円と交換率で一番有利です。

②家族との合算マイルも JAL では利用可能

　「JALカード家族プログラム」の交換特典の対象です。

結論

●1マイル単位で交換&使える「ANA Pay」

　2023年5月で制度改定した「ANA Pay」は、1マイル単位で交換でき様々な支払いに使える点が画期的なマイル交換特典です。

●高交換率のWAON特典(JAL)

　マイルのポイント特典で最も用途が広い電子マネー特典の中では、JALのWAON特典の高交換率(1マイル=1.25円)に注目。

●ANAのマイル区分に注意

　2022年4月以降はANAのマイル区分で、「ANA SKYコイン」以外の電子ポイント特典の一部に使えないマイル(グループ3、4)があります。

▲ANA Pay スマホ画面
初期設定したばかりの画面です。

▲WAON ステーション(イオンモール)
このターミナルでマイル交換したWAONのカードチャージが可能です。

使い分ける（マイルを使う⑪）
旅行関連の特典交換

　特典航空券に加えて宿泊やレンタカー、空港売店、機内販売等に旅行関連のマイル交換特典を利用すると、限りなく「無料旅行」に近づきます。

ANA

① 1マイル単位で利用できる ANA 宿泊＆海外レンタカー予約サイト

　「ANA トラベラーズホテル」「ANA ワールドホテル」「ANA ワールドレンタカー」の支払いに1マイル単位で利用できます。

② ANA デジタルクーポンと ANA バラエティークーポンの利用

　「ANA デジタルクーポン」はニッポンレンタカーや宿泊等に、「ANA バラエティークーポン」は宿泊や空港アクセス等の旅行関連で使えます。

JAL

① JMB ワールドマーケットプレイスの魅力

　世界各地での宿泊とレンタカーに使えるのが魅力。ただし全額マイル交換でキャンセルと変更やマイルの払い戻しはできません。

②家族との合算マイル利用が 「JAL クーポン」 でも可能

　系列ホテルの支払い、機内販売、空港売店などに使える「JAL クーポン」は、マイル特典利用者の家族分も一緒に使うことができます。

結論

●端数マイルを有効活用できるANAの宿泊予約サイト

　「ANAトラベラーズホテル」等ANAの予約サイトは1マイル単位で使え、有効期限が迫った端数マイルの使い道に便利です。

●ANAのマイル区分に注意

　2022年4月以降はANAにはマイル区分があり、一部の交換特典に使えないマイル（グループ3、4)があります。

●JMBワールドマーケットプレイスの宿泊でのマイル利用

　この特典は予約変更ができずまたマイルの払い戻しもできないので、現地で急に泊まることになった場合などで使うと便利です。

▲ANAトラベラーズホテルWEB画面
1マイル単位で宿泊代を払えます。

▲JMBワールドマーケットプレイスレンタカー
WEB画面
マイルでレンタカーが借りられます。

使い分ける（マイルを使う⑫）
その他の交換特典

　AMCとJMBの交換特典には旅行関連以外にも多様で特徴ある交換特典があります。細かく調べると意外な使い道がみつかるかもしれません。

ANA

①1マイル単位で利用できる ANA Mall と ANA ショッピング A-style

　「ANA Mall」と「ANAショッピング A-style」は、ANAマイルが1マイル＝1円で使えるANAのネットショッピングモールです。送り先もマイル特典利用者以外でも自由に選べます。「ANA Mall」は従来からある「ANAマイレージモール」とは異なります。

② ANA のマイル区分に注意

　2022年4月以降ではANAのマイルにグループ区分ができました。交換特典の種類によって交換に使用できないグループ区分のマイルがあります。また一部マイルは有効期限も異なる点に注意しましょう。

JAL

① JAL カードの年会費をマイルで支払える

　航空会社の提携クレジットカードの年会費をマイルで払えるのは「JALカード」だけだと思います。この特典は対象カード等の条件があります。

②プレゼントにマイルを使える JAL Mall

　2023年5月開始のJMBの新サービス「JAL Mall」は、従来の物品購入系の交換特典である「JALとっておきの逸品」や「JMBワールドマーケットプレイス」では送り先が会員本人かマイル特典利用対象者に限定されたのに比べ、誰にも送れることで友人などのプレゼントにも利用できます。

結論

●1マイルから使えるANA系ネットショッピング

　「ANA Mall」と「ANAショッピング A-style」は、ANAマイルが1マイル＝1円で使え、有効期限が迫った端数マイルを使うのに便利です。

●ANAのマイル区分に注意

　2022年4月以降はANAにはマイル区分があり、一部の交換特典に使えないマイルがあります。「ANA Mall」と「ANAショッピング A-style」にはグループ4のマイルは使えません。

●JALカードの年会費はマイルで支払う

　マイレージの運用経費をできる限り抑えるのには有効な活用法です。このような特典はほかのマイレージでは見当たらないJMBだけの交換特典です。

▲ANAショッピングA‐S tyle WEB画面
ANAの機内食もマイルで買えます。

▲マイルで年会費WEB画面
JALカードの年会費はマイルで払えます。

PART Ⅳ

ステイタス会員になる

　最近では航空機を多頻度で利用する方に付与されるステイタス会員の資格(上級会員制度やエリート会員という呼称で呼ばれる制度)に、マイレージ愛好者の関心が高まっています。特にANAとJALにはその資格を恒久的に維持できる特別会員制度(ANAでのスーパーフライヤーズカード(SFC))とJALでのJALグローバルクラブ(JGC))があり、その入会資格を獲得するだけの目的で航空機を集中的に利用する「マイル修業」なる現象が生まれました。その指南書が何種も発行されています。果たしてこのような奇策(?)はマイレージを活用するのに真に有効なのでしょうか?　本書ではその現実に切りこんで、ステイタス会員の有用性を検証します。

ステイタス会員になる①
ステイタス会員の実利と現状

ステイタス優遇策の環境変化

　コロナ直前までの数年間は「マイル修行」までして「ステイタス会員」になりたい方が多くなってきてたようで、その指南本まで発行されています。私見ですが、今までの経験と最近の世界の航空会社のトレンドを勘案してみて、最近のステイタス制度の変化をみるにつけ、最低でも50万円程度はかかるとされる「マイル修行」をしてまでSFCやJGCの入会資格をとり、ステイタス会員になるには、実利が減じてきていると思います。

　その理由はまずステイタスを獲得する基準が、マイレージ先進国である米国での大手航空会社は支払う運賃の多寡にもリンクしてきており、割引運賃の搭乗時はステイタス保持者であっても本来の優遇策が適用外になることが増えてきていることがあります。エコノミークラス搭乗で低位な予約クラス運賃は専用ラウンジや手荷物優先扱いなどは対象とされない提携航空会社さえあるのです。さらに各種優遇策が細分化してきて最上位ステイタス以外では、その優遇サービスの一部（専用ラウンジ等）は有償で一般会員も利用できたり、今まではステイタス会員しか利用できなかった専用施設サービス（シャワー等）が空港内設備の近代化によって、だれもがお金さえ払えば、利用できたりするようになり、ステイタス保持者だけが使える特別サービスは少なくなってきています。

ステイタスが生きる利用者とは

　ステイタス会員の各種優遇策は航空機利用時でこそその真価が発揮されます。仕事などで航空機利用が多い方には、特にJALではJGC会員またはサファイアと、ANAではSFC会員またはプラチナ会員に提供される以下の優遇策は、時間やネットワークを有効活用できる点で特筆に値すると思います。

ANA（利用価値の高いSFC優遇策）
①手荷物受け取りの優先（国内線、国際線）
②専用保安検査場（国内線：羽田空港、新千歳空港、伊丹空港、福岡空港、那覇空港、国際線：成田空港、羽田空港）
③海外空港でのアライアンス航空ラウンジ利用
④ANA国際線特典航空券・アップグレード特典の優先
⑤羽田空港P3優先予約（羽田空港）

JAL（利用価値の高いJGC優遇策）
①手荷物受け取りの優先（国内線、国際線）
②専用保安検査場（国内線：羽田空港、伊丹空港、新千歳空港、福岡空港）
③海外空港でのアライアンス航空ラウンジ利用

　これらの優遇策でも①と②はJALの場合国内線ではファーストクラス、国際線ではビジネスクラス以上、ANAの場合国内線ではプレミアムシート、国際線ではビジネスクラス以上に搭乗するなら同等のサービスがあるので必ずしもステイタス会員の独自施策ではありませんし、対象空港も限定されます。さらに国内線で手

荷物を所持しない方には利用価値がありません。

結論

SFCとJGCの価値は限定的

　国内線でも普通席に加え、ANAでのプレミアムシート、JALではファーストクラスができたこともあり、以前ほどSFC会員やJGC会員が必ずしも上顧客とはいえなくなりました。やはり高額な運賃を払って上位のクラスに搭乗する方や毎年更新される上位ステイタスを長期にわたって保持するお客様こそ航空会社が厚遇するお得意様です。搭乗実績での毎年更新されるステイタスを持たないSFC会員やJGC会員が年々増えるにしたがって、その価値は特に国内線利用時には相対的に魅力(特権性)が薄れてきています。航空機利用があまり多くない方がどうしてもステイタスを維持したいなら、最低でも次のような条件に該当するのであれば、その利用価値があるかもしれません。

●最低でも毎月航空機を利用する方(航空機利用しないと宝の持ち腐れ)。

●海外旅行を毎年1回はする方(エコノミークラス利用でも優遇策が確保されています)。

●生ビールを空港で何杯も飲みたい方(国内線ラウンジ最大のメリット?)。

●飛行機に乗ること自体を趣味としている方。

▲タンソンニャット国際空港（SGN）（ホーチミンシティー）2023年
搭乗の前のセキュリティーゲートは長蛇の列。

▲ANA SUITE CHECK IN（成田空港）
ダイヤモンドステイタス会員専用のセキュリティーゲート。

（緊急情報）

2023年後半はステイタス獲得に好条件のキャンペーン実施中

　本書の校了間際になってステイタスを獲得したいマイラーには願ってもないニュースが飛び込んできました。まずANAが2023年7月1日から12月31日（搭乗日）まで国際線でプレミアムポイント2倍キャンペーンを実施することになりました。さらにJALでも2023年7月13日から12月31日（日）（搭乗日）までの期間に国際線でのFLY ONポイントの2倍キャンペーンを実施します。ANAとJALのステイタスを獲得したいマイラーにはチャンス到来です。

ステイタス会員になる②
マイル修行を再考する

ライフステージとマイレージとの付き合い方

　業務でたまたま航空機を利用した出張が増えて、初めてステイタスを獲得してみると、確かにステイタスがなかった時分よりも各種の優遇策が魅力に思えました。ただ「優先搭乗」だけは単なる「優越感」をくすぐられるだけのサービスでしかないと、今も思います。その昔国内線で雑誌や新聞サービスがあった頃は優先搭乗して好みの週刊誌を読める楽しみがありました。今でも手荷物収納の好位置が確保しやすいといった利点はあるかもしれません。

　でも航空機の座席はどんなに高級なシートであっても圧迫感があり、私はできるかぎり最後に乗りたいタイプの人間です。今では到底許されない、航空機出発でドアが閉まる最後の搭乗客として「ジャンプイン」で乗ることが、その昔は多かったのです。

　私のマイレージとの付き合いも30年になりました。今は海外への出張もなくなり、コロナ渦の影響もあり航空機の利用が全くない月もあります。その間にも日本各地の空港は、来日観光客誘致で改装が進み施設が充実しました。マイレージでのステイタス会員向けのラウンジでなくても、快適に待合できる空間が増えました。それとは対照的に朝や夕方などは国内線での航空会社のマイル修行で会員が増えた（？）のかラウンジが混雑するようになり、以前ほど魅力が感じられません。でも久しぶりに海外に出てみると、ステイタスを所持しているメリットは段違いです。

　特にアライアンスでの共通ラウンジ利用では乗継旅程で特に威力を発揮します。またエコノミークラス利用時でも、出国を伴う空港国際線受付カウンターでも長蛇の列に並ばずに優先レーンを利用できます。こうした面を考えると「マイル修行」をしたくなる気持ちもわからない訳ではありません。そしてその費用と労苦を考えてみて、長いライフステージではやはりその（マイル修行）好機という機会があるものだと感じます。出張が増えた時期、定年退職が近づいた時期、ステイタス獲得ポイントのキャンペーンの時期などがその好機だと思います。そうした意味ではコロナ渦の数年間が両社ともステイタス獲得ポイントのキャンペーンを実施していたのはチャンスでしたが、誰にでもできる環境ではなかったかもしれません。

▲スターアライアンスゴールドラウンジ（ワルシャワ空港）
マイル修業は海外旅行でその成果が発揮されます。

▲羽田空港第三ターミナルJAL　JGCカウンター
搭乗手続きが短時間で済むのはステイタス会員の特権です。

家族会員が最大のメリット

　ステイタスサービスを獲得するとしたなら、会員本人以外に家族にも同じサービスが受けられるSFCとJGCの家族カードの存在が「マイル修行」の大きな動機になると思います。特に子供が大学入学して結婚独立するまでの間は活動範囲も広くなり、航空機利用時に各種の優遇策が受けられ、そのことで長い付き合いとなる

マイレージの真価を理解し、利用方法を早く会得することになりました。また3世代での旅行時でも全員がラウンジを利用でき、家族が個々に旅行する際も、優先カウンターやラウンジ、手荷物優先受け取り等で快適な旅行が実現できます。

結論

SFCやJGC狙いのマイル修行の2大要素

「マイル修行」するなら次の二つの点に注意したいものです。やみくもに優遇策を獲得しその優越感に浸るのだけではなく、真の実利を狙いましょう。

●タイミング

長い人生では仕事で航空機利用する機会が急増することがあります。また定年退職後に国内外の各方面に旅行に出かけたい方はSFCやJGCといった特別クレジットカード会員は有用です。さらに両社ともステイタス獲得ポイントのキャンペーンを実施する時期があります。こうした「マイル修行」に向けた好機というものが訪れます。そのタイミングを計ることで費用や時間も低減でき、最大効果を発揮すると思います。

●家族カード

ステイタス会員の優遇を、修行をしないで家族にも享受させられる点がSFCやJGCの一大メリットです。SFCやJGCの「家族カード」は「マイル修行」での最大の成果ではないでしょうか。三世代の家族旅行やお子様の卒業記念海外旅行などで威力を発揮し、家族の中であなたの「株があがる」こと請け合いです。

ステイタス会員になる③
ミリオンマイラーになる

マイレージ愛好家夢のステイタス

　「ミリオンマイラー」は究極のマイラーの姿かもしれません。私が生涯で一番航空機を利用した時期は、残念ながら国内線にマイレージがありませんでした。その後入会したANAとJALのマイレージの搭乗実績は各々約50万マイル前後に見事に割れていて、再び航空機利用の多い仕事につかない限りどちらかのミリオンマイラーになれる可能性は直にはむずかしそうです。しかし日本にも航空機利用が非常に多い方は山ほどいるようで、ANAでは500万マイラーが出現したそうです。短期間でANAとJALの両方のミリオンマイラーになった方が私の身近な知人にもいたことにはびっくりしました。

✈ANA
特典航空券利用も実績に加算可能

　ANAでのミリオンマイラーの規定では特典航空券での利用実績分も事後申請でミリオンマイラーの実績加算（LTマイル）に算入できます。ただしLTマイルは搭乗クラスに関係なく、入会以降のANA便の搭乗区間の基本マイル数の累計が基準です。JALとの違いで特筆すべき点は、また提携航空会社での累計100万マイル（LTマイル）でも記念のタグが獲得できる点がJALとの違いです。

✈ JAL

国内線搭乗回数でも可能

　JALのミリオンマイラーはJGC（JALグローバルクラブ）の会員制度に位置づけられていて、一般のマイレージ会員への適用がありません。国際線搭乗実績なら1980年4月以後のJALグループ便の区間基本マイルの累計100万マイルを達成すると「JGC Life Milage Five Star」を獲得できます。また国内線搭乗回数なら1,250回でも獲得可能です。2024年から新しいステイタスサービスが実施される予定で、その内容が2023年秋に発表予定とWEB上で告知されています。

結論

　JALとANAの両マイレージの並行利用で両方ともミリオンマイラーになれるのは、航空機の利用が並外れて多い方だけで極めて稀なことです。一般的には一社のみのミリオンマイラーになるにも上級会員を約20年程度続けてやっと達成できるくらいの難関です。マイル修行でなれるステイタスでは到底ありません。

▲ANAミリオンマイラータグ
友人M氏（北海道在住）のタグ。すでに結構擦り切れています。それだけ搭乗が増えているのでしょう。

▲JALミリオンマイラーラウンジカード
友人M氏（北海道在住）はJALのミリオンマイラーも達成していました。

私の二刀流マイレージ利用法

はじめてのマイレージ

　私がマイレージを初めて利用したのは1994年（今から30年も前！）に米国へ出張したときにさかのぼります。上司と一緒にロサンゼルス経由でミネアポリスとニューヨークに業務提携先との交渉と視察が目的でした。上司と機上で打ち合わせが必要とのことになり、運よく私もビジネスクラスにしてもらえたのです。その頃購読していた新聞にノースウエスト航空（NWA）のマイレージ広告が掲載されていたのをたまたま目にしたのがきっかけとなりました。

　そして偶然にもNWAの本拠地であるミネアポリスへの出張です。渡航便はNWAに決まりました。1994年当時は日本の国内線ではマイレージサービスが実施されておらず、この新聞広告を見て、マイレージに入会し初めてのマイルが貯まりました。

　翌年春に前年交渉した業務提携の契約が決定し、1週間の国内出張のまん中を挟んで、急遽出張先の大阪からニューヨークへ1泊3日の海外出張、再度大阪に戻る海外出張の時にも、できたばかりの関空から再びNWAを利用しました。さらにその夏にはヨーロッパへも提携先を求めることになり、今度はオランダ、ドイツ、イギリスに出張です。なぜか行きはオランダからなのでNWAと提携のKLMオランダ航空になり、またマイルが貯まりました。帰国便はロンドンからJAL便だっ

▲最初に使い始めたマイレージカード（ノースウエスト航空）
カードにSINCE1994とあります。

たのですが、日程変更が効く高価なレギュラーエコノミー運賃だったので、運よく初めてビジネスクラスにインボラアップグレードとなりました。こうして貯まったマイルを使って家族と何とか米国へ家族旅行したいと思いましたが、そうそう海外出張が続くわけではありません。その頃ノースウエスト航空からの案内で、提携クレジットカードの日本国内の利用実績でマイルが貯まることを知りました。当時はだんだんと国内出張も増えていたので、一時立て替えの出張経費もばかにならず、まだ会社の法人カード利用規則もなかったので、今ではとても考えらないことですが、管理が楽なこのクレジットカードを旅費立て替え用に利用することにしました。そして貯まったNWAのマイルを使い、家族4人で米国西部への初めての海外家族旅行を実現できました。実際のところ若干不足するマイルを購入し、NWAの係員の勧めで当時小学生の次男は特典航空券よりトクになる小児運賃を使いました。今はなくなってしまった日比谷の帝国ホテル1階にあったNWAカウンターの親切なスタッフに大感謝です。

三大マイレージ時代

　初めての海外家族旅行から戻った頃から、私が担当となった新規事業が猛烈に忙しくなります。人数が少ない所帯なので、なにからなにまで少人数でこなさないといけないので、営業・契約・納品立ち合いはすべて私の担当となり、毎日全国のCD販売店に自社開発した検索機を納品する日々が続きました。同じ日に開店日や納入希望日が重なることも多く、それも全国各地に散らばっていて、それに間に合わせるのが大変でした。一番忙しい日には一日4回飛行機に乗り、空港からレンタカーを駆使して業務をこなしまし

た。そうしている頃、日本の国内線にもマイレージが登場しました。行き先は相手様の要望次第なので、全国津々浦々で離島にも行きました。利用するマイレージは行先に応じて使い分けました。秋田県北の能代へはANA便しかありません。山形へはJAL便で向かいます。確か北九州へは当時JAS便しかなかったはずで、JAS（日本エアーシステム：後にJALと合併）のマイレージも貯まりました。JASはノースウエスト航空（NWA）とマイレージ提携していたのです。この頃はとにかく航空機利用の出張が毎週2回はあり、とにかくマイルが貯まりましたが、貯めたマイルが特典航空券に交換できる以外に全然細かな条件などは知らずにいました。

マイレージ攻略本（マイレージの超達人）を執筆

▲マイレージの超達人（ANA編）
（2004年12月）
私が最初に執筆したマイレージ攻略本です。

2003年の春、私は将来のことを考え社会人大学院で学んだ経営学を実践するべく、30年勤めた会社の早期退職制度を利用し独立起業することにしました。退職前には全国を駆け回る業務で、海外出張もたびたびあったのでとにかくマイルは貯まりました。もう30年も前のことですから今は時効ですが、役得で貯まったマイルの話はなかなか大っぴらには人前ではお話できないものです。退職前の数年間は典型的な出張族だった私には、得意先様の「偉いさん」から当時巷で話題になってきていたマイレージの使い方を聞かれることが多くなりました。この頃に家族で2回目の海外旅行として、香港・オーストラリア・ニュージーランドへ行くなどして、私もマイレージの仕組みを詳しく調べ

て利用することになり、俄然マイレージに詳しくなっていたのです。

　特に関連会社が開発した電子マネーEdy（現楽天Edy）がAMC（ANAマイレージクラブ）に2003年採用されてからは、さらにのめり込んでいくことになりました。何と退職の挨拶に出向いた協力会社で昵懇だった仕事上のパートナーだったＩ氏が、Edy（現楽天Edy）を航空業界に売り込んだ責任者だったのです。彼は私が話した「マイレージ噺」をとても面白がり、本にしてみるべきだと送別の酒席で言い出しました。この話はとんとん拍子に当時のANAのマイレージ責任者へ伝わり、最終的に皆さんが読んでいただいている「マイレージの超達人」シリーズの発刊に発展していきました。

アライアンスの利用

　四つのマイレージを併用していた1990年代後半から2003年頃までは、仕事の航空機利用でとにかくマイルは貯まりました。その時分は、海外出張では米国の地方都市を訪問する機会が増え、国際線ではせっかくビジネスクラスで行っても、米国国内のローカル路線に乗り換える際は、通信環境の整った米国系航空会社のラウンジを使えず不便を感じていました。1999年にANAがスターアライアンスに加盟したことで、米国国内ではユナイテッド航空が、

▲アンコールワットにて（2005年7月）
ノースウエスト航空のマイルで当時提携だったマレーシア航空をビジネスクラス特典航空券で僅か3万マイルで行けました。

また当時ヨーロッパで最も行く機会が多かったドイツではルフトハンザ航空が同じスターアライアンスなので、ビジネスクラス搭乗時やステイタス会員になるとラウンジが利用できることになりました。これで海外出

張では今までのJAL便利用から行先によってANA便を利用することになります。

　2002年にはスターアライアンスの5周年記念のキャンペーン(キャンペーン期間内に異なった五つの加盟航空会社搭乗で55,555マイルを獲得)のため、家内と休暇を利用した北欧旅行をして二人で11万マイル以上を一挙に獲得したこともありました。

　そうしたことも重なり、私は一層マイレージにのめりこむことになっていきました。

　JALがワンワールドに加盟する前の2000年から2006年頃までの間は、国内線はJAL中心に、国際線をANA中心に振り分けて使ってマイレージを利用していました。JALが航空連合(アライアンス)としてワンワールドに加盟したのは2007年のことでした。それまでは特典航空券で世界一周ができるのはANAのスターアライアンス世界一周特典航空券だけでしたので、会社を退職して時間的な制約がいくぶん軽くなったので、まずはこの「スターアライアンス世界一周特典航空券」を狙いました。

ライフステージ&目標の変化

　私のライフステージも高齢期にさしかかってくると、マイレージに求める目的も変わっていきます。すでに世界の50か国以上に旅行した今、旅行目的も行先よりも途中の経過に興味が行くことになってきました。子供の

▲モニュメントバレーの展望台にて(2014年1月)
3回行ったうち2回はマイレージの特典航空券で行きました。

頃から好きだった列車旅行(それも寝台車や食堂車の利用)や奇岩

や絶景の遺跡めぐりに興味が移りました。そうした旅行を実現するには、自由な旅程が組める航空券が必要です。正規の周遊旅程での有償航空券は非常に高価ですし、特典航空券では利用区間数、途中降機の規定が大きな障壁です。そんなことを解消してくれる特典航空券がJMB（JALマイレージバンク）の規約変更で出現しました。JMBでは国際線特典航空券がすべて片道利用でき、おまけにワンワールド特典航空券なら最大8区間まで使えるのです。この特典航空券を使うために、今度はJALのマイルを集中して貯めることになっていきました。

　ただ、仕事の変化もあり、以前のように航空機を利用する機会は年々減少してきていました。そこで今まで以上にポイント交換などでマイルを獲得する技を磨く必要に迫られました。特に新型コロナウイルスの感染が拡大してきたここ数年は航空機ばかりか旅行をする機会そのものが激減し、マイルを貯められる機会も少なくなりました。マイルの有効期限の救済措置もありましたが、なかなかマイルを貯めて使う機会が少なくなってしまい、今まで抱いていた目標を断念せざるを得ない期間が数年続きました。その間すこしずつ好転している状況を横目に見ながら、改めてシニア世代にとって有効なマイル活用法を再構築することになってきています。こういうときこそ様々なマイレージ提携のサービスをくまなく使い、マイルを貯め続けることを絶やさないように努力する毎日が続きます。気持ちを取り戻してまた定期的に海外にでかけてみたいと思っています。

マイレージが可能にしてくれた世界歴訪

　マイレージの素晴らしさは、何といっても世界各地への旅行を

▲エジプト・ギザのピラミッドにて（2009年2月）ワンワールド特典航空券の旅
カイロの駅から個人タクシーをチャーターして大急ぎでの見学でした。

促してくれる「特典航空券」の存在です。もともと私自身は平均的な給与所得者であったので、子供の教育費や住宅ローンに翻弄され、やっとこの二つの重荷から解放される頃には、迫り来る老後の生活資金の心配をしなくてなりません。やっと時間的な余裕ができても、私のような団塊の世代には今でも海外旅行はかなり覚悟がいるのに加え、まとまったお金がかかるという感覚が抜けません。そうした気持ちを開放的にしてくれるのが、貯めたマイルで交換できる国際線特典航空券です。航空機代金がかからないことで、随分旅費が節約できることになります。そして今まで行けなかった世界各地への旅のイメージが一気に広がります。マイルが、当初の目標以上に思いの外多く貯まったら、運がよければビジネスクラスにも乗れるのです。仕事では行ったこともな

かったエリアや冒険心をくすぐられる秘境の地への夢の旅もぐっと近づきます。結局そうした気持ちが強くなって、特典航空券を使って世界各地へ数年おきにでかけることになりました。

　特に思い出深いのは今まで世界一周を5回したことです。その内3回は特典航空券を使った旅行でした。最初の世界一周は1998年10月にわずか1週間駆け足で米国・フランスを周った海外出張です。この時

▲ペトラ遺跡にて（2009年2月）ワンワールド特典航空券の旅
アンマンからレンタカーを借りて日帰り旅行はかなり無謀なスケジュールでした。

▲エミレーツ航空ファーストクラス（ニューヨーク⇒ミラノ/2020年1月）
今はできなくなってしまった夢のファーストクラスに特典航空券での搭乗ができました。

のマイルはJMBの生涯マイルの記録に残っています。まだビジネスクラスを使える職位ではなかったのでエコノミークラスの利用でした。2回目は30年務めた勤務先を退職し、「マイレージの超達人（ANA編）改訂新版」（2006年1月/USE刊）の取材を兼ねてスターアライアンスのビジネスクラスで世界一周特典航空券の旅でした。このときは一人で2006年11月に20日間で4大陸16都市を回りました。3回目は2009年2月にワンワールド特典航空券を使い、ビジネスクラスで15日間に3大陸8都市を回りました。このときは家内も同行したのですが、貯まっていたJALのマイルでは二人分の世界一周特典航空券は交換できず、家内の分は私の持っているANAマイルを使い「スターアライアンス特典航空券」をほぼ同じルートで同時使用し、途中降機地をシンクロ（同期）しての旅行でした。まさに二刀流マイレージ攻略法を地で行った特典航空券の利用法をすでに実践していました。4回目は特典航空券ではなくスターアライアンスの15周年キャンペーンで商品獲得を目的に、有償でのスターアライアンス世界一周航空券を利用し、2012年10月に5大陸6都市を最短日程の11日間で家内と二人で回りました。この年はヨーロッパにも今はなくなったエアパスを使った周遊旅行をしたので、翌年には家内もSFCの本会員になることができました。5回目は2020年1〜2月。前半は友人と米国中東部ドライブ旅行、後半は家内との東欧寝台列車旅行。二つを同時に実現するためにJMBの3種の片道国際線特典航空券を3枚

利用して世界一周旅程となりました。これ以外にその後、家族と一緒に特典航空券を使った海外旅行は子供の成長の合間に何回か実現することができました。その後子供の成長にともなって一緒に行くことが難しくなったこともあり、この数回の家族海外旅行は実にいいタイミングで実現できたものでした。今振り返ると感慨無量です。

これからのマイレージ二刀流攻略法

　今回初めてANAとJALのマイレージ二刀流攻略法を執筆したことは、自分のこれからのマイレージ活用法を再確認してみたいという個人的な動機と、私と同じように、ライフステージやライフスタイルの変化で二つのマイレージの使い分けに苦慮している拙著の読者にそのヒントを示したいという願望があったからです。今年の年末は、私がマイレージ解説書を発刊して20周年の節目にあたります。おりしも日本の二大航空会社はコロナ渦を境に、業績の復興が道半ばです。特に国際線では日本人の海外旅行熱が依然戻らず、苦戦を強いられています。その起爆剤となるのがやはりマイレージである点は、業界内外を問わず、航空業や海外旅行に関心がある方々なら一致した視点です。世界的にもその内容が多様で活用範囲が群を抜いて幅広い日本の二大マイレージは、相互に切磋琢磨して利用者にすばらしい旅行の機会を与えてくれています。本書はそうした二つのマイレージの存在に感謝する目的で執筆しました。

　私は本書の各項目の結論でも書いたように、利用者が自分の利用環境や目的に照らし、この二つのマイレージを上手に使い、夢のある旅行の実現ができることを願います。

まとめ AMCとJMBの独自施策

　まとめとして、AMCとJMBの両者のマイレージ施策の中でも、どちらか一方にしかない独自のものを簡単に列挙します。その詳細はすべて前掲の関連項目で解説済です。本項ではANAカードやJALカード等提携クレジットカード会員向けのサービスは除外してあります。なぜならクレジットカードはすべての人が利用できる会員カードではないからです。また「どこかにマイル」、「今週のトクたびマイル」など出発地（空港）が限定されるタイプの特典なども本項の対象外としました。つまり日本地区会員の誰も（一部年齢制限あり）が利用できるサービスに限定しました。実際はこれら以外に、利用条件の細部では両社のマイレージ施策には多くの違いがあり、本項の独自施策とは筆者の判断で類似のサービスがないまたは明らかに違いが大きいものに限ってあります。

　本書はANAマイレージクラブ（AMC）とJALマイレージバンク（JMB）を実際に利用している経験者を前提に編纂しました。両マイレージをこれから利用しようと考えている方やWEBを利用したことのない方には、是非拙著「マイレージの超達人」（ANA編）と（JAL編）両方の最新刊を併読することと、同時に両社のWEBサイトで関連項目の最新データを確認することをお勧めします。

ANA

ためる

①誰でも使える電子マネー「楽天Edy」のマイル増量スマホプラン。

②ステイタス継続で2年目以降のボーナスフライトマイル増量。

つかう

①1マイルから1マイル単位でマイルが使える交換特典。

②国際線各特典航空券の日本国内区間が往復各2区間可能。

③自社特典航空券(国内線・国際線)の予約変更が無料で可能。

④アップグレードポイントで国内線・国際線のアップグレード可能。

⑤ステイタス会員の「ANA SKYコイン」交換率優遇。

⑥少人数グループ旅行に便利な「おともでいっしょ割」運賃。

▲AMCモバイルプラスWEB画面
最大200円＝4マイル積算でき、ポイントの多重取りに便利なオプションプラン(有料)です。

▲いっしょにマイル割WEB画面
ANAには残っている少人数グループ国内旅行に便利なマイレージ会員の優待運賃です。

JAL

ためる

①マイル有効期限を60か月にできる高齢層向け会員カード。

②系列LCCでのマイル獲得。

③上位会員資格獲得に搭乗回数の併用。

つかう

①国内線特典航空券の一特典で多くの区間で乗継旅程可能。

②通常の国内線特典航空券ですべての搭乗クラスが予約可能。

③国際線特典航空券がすべて片道旅程で利用可能

④予約がとりやすいJAL特典航空券PLUS（国際線・国内線）。

⑤JAL国際線特典航空券でのアップグレード特典利用可能。

⑥マイル特典利用者の事前登録と登録人数の上限がない。

⑦合算家族マイルの利用特典の制限なし。

▲JMB G.G WAON 新規入会・切替申込書
満55歳以上ならこのカードに入会した後はマイルを有効期限を60か月にできます。

▲ジェットスター・ジャパンマイル積算WEB画面
LCCの搭乗でもJALマイルは貯められます。

結論

●両者の独自施策を有利に利用できるかは個人差がある

　どちらか一方にしかない独自施策も、それを有利に利用できるかは、会員の個人差(年齢、居住地、家族構成等)に因ることが多く、だれにでも一律にあてはまるものではありません。

●特典利用の目的がマイレージ使い分けの原点

　マイレージ攻略法の基本である「選択と集中」という面からは、どちらか一方に絞って集中的に利用する方が得策です。しかし交換したい特典が一方にしかない場合などには、一定期間はその特定な目的を同時に叶えるために、その違いをしっかり認識した上で並行活用するのが二刀流の原点です。

●利用者のライフステージやライフスタイルで変わる利点と目的

　長い人生では利用者のマイレージに対する興味・関心は変化します。同じく自分が置かれる環境も変わります。マイレージ攻略法の付帯条件もこうしたライフステージとライフスタイルの変化に無縁ではありません。その時々によって自分のマイレージの目的遂行に有利な要素が変わってくる点を認識するには、二刀流攻略法を研究するのもひとつの方策なのです。

二刀流マイレージ攻略法の要点

　最後に二刀流マイレージ攻略法を実践するにあたり、私が実践してきた経験から、特に重要な事柄を確認の意味で再考してみます。両社のマイレージを比較するには、最近の規約変化であまりにも内容が複雑化しており、ぶれない目標を持ち続けない限り、自分の本来のマイレージでの目的を達成することは困難です。興味本位なマスコミ報道や無責任な匿名の口コミに惑わされることなく、しっかりした自分流の攻略法の確立を願ってやみません。

①特典航空券の利用が一番の目的

　マイレージ最大の魅力は、マイルを貯めればほぼ無料（空港使用料等の税金はかかりますが）で世界中に旅行できる特典航空券が獲得できることです。高価なビジネスクラスや世界一周も夢ではありません。自分の行きたい旅を実現するためにマイレージを使い分けましょう。私の場合は、最初に世界一周旅行のために二刀流を意識しました。今では片道で利用できる自由な旅程の特典航空券に魅力を感じています。

②マイルを貯めることがどんな状況でも持続できること

　航空機を乗る機会の多い時期もあれば、仕事や環境が変わり航空機利用の機会が減少してしまうことは長い人生ではよくあることです。そんな中でもマイレージを楽しむには、マイルがなければはじまりません。どんな状況でも提携サービス等を上手に利用してマイルを貯め続ける気概が必要です。ポイント天国の日本ではポイント交換という強い味方があります。「マメ」になることは

夢を実現することにつながります。

③ステイタスの獲得は利用者の環境次第で無理しないこと

　一度ステイタスを獲得し特別待遇のサービスを利用すると、その快適さは確かに魅力です。しかしステイタス会員の優遇は航空機利用時に生きるもので、航空機利用が減少すれば何回も使うことはありません。ラウンジ等施設利用なら、最近の空港は有料サービスが充実してきています。また優先搭乗よりも、何より時間節約となる「優先降機」は上位の搭乗クラスからになり、ステイタスは関係ありません。実際海外の航空会社のマイレージでは上級会員の優遇は支払った運賃の多寡も反映する傾向にかわってきています。優遇策はその都度上位の搭乗クラスを利用すれば得られるサービスと割り切れば、飛行機搭乗が趣味でもない限り、「マイル修行」をする必要もないでしょう。航空機利用の機会が増えたタイミングに合わせ、SFCやJGCをとれれば良いのではないでしょうか？

　私よりもマイレージに精通している方には、こうした主張は異論があるかもしれません。私は一時的に航空機利用が増えた時期にマイレージに関心を持ち、一般的な消費者の目線でマイレージ利用法を研究してきました。この二刀流攻略法も航空機を頻繁に利用する方以外の一般的なマイレージ利用者の方でも実践可能な方法として考えたものです。誰にでも一義的に有利な活用法はありません。本書をヒントに自分流の二刀流マイレージ攻略法をみつけてください。

お問い合わせ先
〒277-0074
千葉県柏市今谷上町19-22
スタートナウ合同会社 「マイレージ二刀流攻略法」質問係

なおご質問に関しては、封書にてご送付先（郵便番号、住所、氏名）を明記した返信用封筒（84円切手を貼ったもの）を同封の上、上記までお願いします。ご質問の内容によって、返信に数週間以上要する場合があることをご了解ください。なお返信用の切手封入がないもの、住所、氏名が不完全なものにはご回答できかねます。また本書で記載の航空会社各社および各企業へのお問い合わせに関しては、弊社は何ら責任を負うものではありません。

取材協力：日本航空株式会社、ANA X株式会社

マイレージ二刀流攻略法

2023年9月13日発行

著　者　**櫻井雅英**　©2023 Masahide Sakurai

発行人　**櫻井昇子**

発行所　〒277-0074　千葉県柏市今谷上町19-22　スタートナウ合同会社

発売元　〒162-0811　東京都新宿区水道町2-15　株式会社玄文社

印刷・製本　新灯印刷株式会社

デザイン　ELABORATE（イラボレイト）

ISBN978-4-911055-03-8　Printed in Japan